ARS ET AMOR
DIE EROTIK IN DER KUNST

In der Reihe »ARS ET AMOR« sind bereits erschienen:
Band 1: Etiemble, China

In Vorbereitung:
Band 3: Anand, Indien
Band 4: Grosbois, Japan
Band 5: Tucci, Nepal
Band 6: Surien, Persien

Jean Marcadé
Professor der Archäologie an der Universität Bordeaux

Die Griechen
EROS KALOS

Studie über die erotischen Darstellungen
in der griechischen Kunst

Deutsche Bearbeitung von Universitätsprofessor
W. Zschietzschmann

82 farbige Illustrationen;
83 schwarz-weiße Illustrationen

**WILHELM HEYNE VERLAG
MÜNCHEN**

Genehmigte, ungekürzte Taschenbuchausgabe
Copyright © 1977 by Nagel Verlag, Genf
Printed in Germany 1978
Umschlaggestaltung: Atelier Heinrichs, München
Layout: Helmut Burgstaller, München
Satz: Fotosatz Atelier Klaus Scheiderer, München/Martinsried
Druck und Bindung: Friedrich Pustet, Regensburg

ISBN 3-453-35202-5

Inhalt

Vorwort
7

Kapitel I
11

Kapitel II
33

Kapitel III
99

Kapitel IV
125

Kapitel V
179

*Weibliches Idol,
Terrakotta, im Museum
von Herakleion.*

Vorwort

Die Vasen und Spiegel mit erotischen Darstellungen aus dem alten Griechenland werden durch ihre Kühnheit überraschen. Die ›Schlichte Einfalt‹ und ›Stille Größe‹, wovon Winckelmann sprach, sind noch immer für allzu viele Geister die Wesensmerkmale der griechischen Kunst – die erste und berühmteste der Lehrmeinungen, der man aus humanistischer Tradtion den schuldigen Respekt und die grundsätzliche Bewunderung entgegenbringt.

Die wahre Größe des griechischen Genius aber liegt weder in einer kalten Perfektion noch in ich weiß nicht welcher angeblichen Darstellung des Realen. Griechenland hat nie aufgehört, den Elan, der in so hohe Bereiche der Kunst und der Gedankenwelt emporträgt, aus einem Sinn zu schöpfen, der leidenschaftlich ergriffen ist von der lebendigen Wirklichkeit. Nirgendwo ist das Leben des Geistes weniger als unvereinbar mit dem Leben des Leibes, die Freuden des Geistes als unvereinbar mit den Freuden des Leibes angesehen worden als in Griechenland, und es ist bezeichnend, daß die alten Griechen, um den Mann von Adel zu kennzeichnen, den Adel des Leibes und den Adel des Herzens in einem Ausdruck zusammengefaßt haben.

Wenn wir uns hier des Anteils erinnern, den das Geschlechtsleben in den religiösen Vorstellungen und im täglichen Leben der alte Griechen besaß, haben wir nicht das Gefühl, uns irgendwie zu vergehen oder die Griechen herabzusetzen. Wir haben vielmehr die Überzeugung, damit etwas von elementarer Bedeutung zu berühren, etwas, das grundlegend war für die griechi-

*Pferde-Satyr,
Bronze-Statuette,
im Nationalmuseum
von Athen.*

sche Kultur. Die Alten sind als echte Zeugen für die abendländische Zivilisation für gewisse Meinungen der Gegenwart zu verschwommenen Phantomen geworden: wir hegen die Hoffnung, diesen in jeden Falle ein wenig Leben einhauchen zu können. Die Ermunterungen und die großzügige Mitwirkung, die wir bei den griechischen Fachgenossen und bei den Direktoren der größten Museen Europas und Amerikas, das Abbildungsmaterial zu erneuern, gefunden haben, hat uns überdies in unserer Absicht bestärkt.

Es ist uns eine angenehme Pflicht namentlich zu danken Herrn Chr. Karusos (Direktor des Nationalmuseums zu Athen) sowie seiner Gattin, Frau S. Karusos-Papaspiridou; ferner Herrn N. Platon (Direktor des Akropolismuseums) sowie den Herrn V. Karageorghis (Konservator am Museum von Nikosia), C. Montis und S. Patsalidis (Zypern), Herrn R. Milliex (Kulturattaché bei der französischen Botschaft in Nikosia), ebenso Frau E. N. Papert (New York) und Frau E. P. Riegel (Boston) und den Professoren und Doktoren E. M. Auer (Wien), K. Blümel (Berlin), N. Degrassi (Tarent), P. Devambez (Paris), A. Greifenhagen (Berlin), R. Lullies (München, jetzt Kassel), H. Möbius (Würzburg), R. Noll (Wien) und W. Zschietzschmann (Gießen).

Die Photographien stammen von E. Serafis (Athen), M. Chuzeville (Paris), A. C. Cooper (London), C. Gennaro (Tarent), E. Meyer (Wien), die graphische Darstellung von E. Bührer (Luzern).

J. M.

Kapitel

I

Die Formel *Eros Kalos* ist noch, so scheint es, auf keiner griechischen Vase vorgekommen, während die Inschrift ›kalos‹ oder ›ho pais kalos‹, die hier und da neben der Darstellung des geflügelten Sohnes der Aphrodite in der attischen Vasenmalerei seit dem Anfange des 5. Jahrhunderts vor unserer Zeitrechnung steht, seiner Schönheit huldigt. Es handelt sich dabei nicht um die Schönheit des gezeichneten Bildes, sondern um die Schönheit des jugendlichen Gottes selbst, und diese Huldigung an den Gott der Liebe ist eine Liebeshuldigung. Wir sind dessen um so sicherer, als es in der gleichen Epoche zahlreiche Vasen gibt, die, in das Bildfeld geschrieben, einen Personennamen tragen, meist einen männlichen, gefolgt von der Bezeichnung ›schön‹: dieser Eigenname, den der Künstler von sich aus oder auf Bestellung eines Käufers gewählt hat, stellt das Bekenntnis einer besonderen Liebe dar; wenn gewisse Namen sehr oft wiederkehren, dann liegt das daran, daß gewisse Schönheiten die Liebenden in Menge entflammten.

In der Einleitung zu einem seiner Dialoge beschreibt Platon die Wirkung, die durch das Erscheinen einer seiner Hauptpersonen in der Öffentlichkeit hervorgerufen wird (Charmides.) Sokrates, der vom Heere zurückgekehrt war, begibt sich zur Palästra des Taureas, um hier seine Freunde zu treffen. Kaum daß er die ersten Fragen gestellt hat – wie steht es mit der Liebe zur Weisheit? Gibt es unter den jungen Leuten welche, die sich durch ihr Wissen oder durch Schönheit, oder durch das eine und das andere unterscheiden? – da erscheinen mehrere junge Men-

Attische Schale des Makron mit dionysischen Szenen, im Metropolitan Museum von New York (06.1152).

schen, die disputieren, und es folgt ihnen eine ganze Schar. Das ist, so erklärt Kritias, die Vorhut der Liebhaber dessen, der als der Schönste gilt, Charmides, der Sohn des Glaukon. Charmides tritt selbst ein, und Sokrates verhehlt uns nicht seinen Eindruck: »Dieser schien mir von bewundernswerter Gestalt und Schönheit zu sein, und ich glaubte zu erkennen, daß alle verliebt in ihn waren, nach der Ergriffenheit zu urteilen und nach der Aufregung, von der alle bei seiner Ankunft besessen waren; und andere Liebhaber folgten ihm. Das gilt auch für unsere Gruppe von erwachsenen Männern. Aber ich hatte auf die Knaben acht und sah, daß alle ihre Augen auf ihn gerichtet hatten bis hin zu den Kleinsten, und bemerkte, daß ihn alle ansahen wie ein Götterbild. Ein bewundernswertes Angesicht in der Tat. Und doch, sagte Chairephon, wenn er sich entkleidete, dann würdest du kein Auge mehr haben für sein Gesicht – so vollkommen ist seine Schönheit durchaus. Die Philosophie verlangt aber vor allem die Schönheit der Seele zu prüfen.« Und als der junge Charmides sich neben ihn setzte, auf die Bank, auf der seine Genossen sich drängten, konnte er sich einer gewissen Verwirrung nicht entziehen. »In diesem Augenblick«, bestätigt Platon nachträglich, »fühlte ich mich unbehaglich, und ich bewahrte keineswegs mehr die schöne Sicherheit, mit der ich mir vorgenommen hatte, das Gespräch in Gang zu halten. Als er nun seinen Blick, den ich nicht zu beschreiben wüßte, mir zuwandte und als er eine Bewegung machte, wie um mich etwas zu fragen, und als alle in die Palästra kamen und uns im Kreise umringten, da – o mein edler Freund, bemerkte ich in der Öffnung seines Mantels eine Schönheit, die mich entflammte; ich verlor den Kopf, und ich dachte daran, daß Kydias wohl sehr weise sei in der Liebe, als er seine Meinung über einen schönen Knaben so formulierte: ›Es hüte sich das Reh, dem Löwen vors Angesicht zu kommen, um als Beute ergriffen zu werden.‹ Es scheint mir, daß ich das Opfer einer ganz ähnlichen Begegnung war.«« (Übersetzt frei nach Schleiermacher.)

Dieses sehr lebendige Gefühl, welches die Griechen für die jugendliche Schönheit besaßen – mehr für die männliche als für die weibliche, denn die unerläßliche Nacktheit bei den Übungen in der Palästra und im Gymnasion verschaffte ihnen eine ständige Vertrautheit mit ihr –, kann die Erscheinung erklären, die sie dem Liebesgotte in der ersten klassischen Epoche gaben: ganz und gar nicht die eines rundlichen Kleinkindes, so wie die spätere hellenistische und die römische Kunst das Bild oft und oft wiederholt hat, sondern es ist das Bild eines jungen Menschen in der Blüte seiner unwillkürlichen Grazie, in der jugendlichen Anmut seines schlanken und zarten Leibes, ausgeglichen und geformt in der Zucht der Paideia. Ringend, laufend, springend oder schwimmend im Äther, so möchte man es ausdrücken, manchmal in der Hand die Leuchte des Fackellaufes oder den Schild des Waffenlaufes, Morra oder Reifen oder mit Knöchelchen spielend, allein oder zu zweien – in zwei Hälften geteilt sollte man besser sagen –, gewinnt er ganz die natürliche Haltung und Bewegung des jungen Athleten, deren leuchtendes Vorbild er wird. Wenn er die Leier hält, die Doppelflöte oder die langgestreckte Trompete bläst, ist er das Muster für die, deren musische Erziehung – Anregerin für jede geistige Rangstufe – die physische Rangstufe vervollständigt, die die Leibesübungen hervorbringen. Wenn er den Kranz oder das Band des Sieges herbeibringt, spricht er dem Epheben den Preis der Schönheit zu und belohnt ihn, er begünstigt seine Liebesunternehmungen; und auf diesem Gebiete gibt er ihnen auch gelegentlich ein Beispiel, wie man die junge Beute verfolgt, denn er erscheint im

*Satyrn und Mänaden,
Hydria des Meisters der Caeretaner Hydrien,
in Wien (IV 3577).*

Grunde nur als der Vollkommenste von ihnen selbst, als ihr Idealbild, die Grundlage und die Zusammenfassung all der vergänglichen Reize des Jugendalters und zugleich der Unruhe, die sie hervorrufen: Sehnsüchte, Ärgernisse, Enttäuschungen oder auch der Taumel der getrennten Liebe, denn der gleiche Bildtypus dient der Wiedergabe von Himeros, Anteros, Pothos und Eros.

Der älteste dem Liebesgotte geweihte Altar war, so sagte man in Athen, der, den Charmos (der Liebhaber der Hippias oder der Geliebte des Peisistratos – in diesem Punkte sind die Überlieferungen nicht eindeutig) am Eingang zum Gymnasion der Akademie errichtet hatte. Man kennt auch noch andere Beispiele, wo Eros, neben Herakles und Hermes, zu den Schutzpatronen des Gymnasions zählte. Zu Theben in Böotien waren die großen penteterischen gymnischen und musischen Kampfspiele allein unter seinen Schutz gestellt. Naturgemäß blühte der Eroskult besonders an den Orten, wo die Nacktheit den Anblick der Schönheit begünstigt, und es wurde der jugendliche Gott der anerkannte Beschützer der Verbindungen von Männern untereinander, die sich hier zahlreich anbahnten. Ohne Zweifel steht die päderastische Neigung im Zusammenhang mit einer Entwicklung, die im 4. Jahrhundert die Kunst des Praxiteles bezeugt: die Erosbilder nehmen einen doppeldeutigen Reiz an, wo die Rundung der Hüften und das Fleisch des Brustkorbes, die biegsame Lässigkeit der Haltung und das gelockte Haar sich mehr und mehr von der athletischen Schönheit entfernen.

Aber Eros ist auch, dem allgemeinen Glauben entsprechend – und die hellenistische Epoche wird darauf nachdrücklich beharren – der Sohn der ›Goldenen Aphrodite‹. Der Flügelknabe, der sich, zusammen mit einem gleichfalls geflügelten weiblichen Genius gleichen Alters, an die Deichsel des Wagens der Urania spannt, auf den Terrakottaaltärchen von Tarent, ist vielleicht schon, trotz der gewöhnlichen Deutung als Zephyros und Iris, der fromme Sohn, dessen Beispiel eines Tages den Opfertod des Kleobis und des Biton aus Argos inspirierte: diese setzten ihre athletische Kraft im Dienste ihrer Mutter, der Herapriesterin, ein, indem sie den schweren Prozessionswagen bis an die Opferstätte zogen. Eros jedenfalls kämpft auf dem dorischen Fries des

Parthenon mit dem Bogen in der Hand, um seine Mutter gegen die Giganten zu verteidigen, und im Panathenäenfries wohnt er, an die Knie seiner Mutter gelehnt, der Übergabe des Peplos bei. Gewiß – ohne Zweifel muß das leuchtende Vorbild für die jugendlichen Tugenden ein Beispiel der kindlichen Liebe, des Mutes und der Zuneigung geben. Jedoch – er widersetzt sich auch nicht der Vorstellung von der Liebe, welche die beschützt, der die Aphrodite als Schutzherrin verheißen ist. Er macht sich auch zum Helfer der Peitho, der Überredung – im Hinblick auf früchtetragende Vereinigungen.

Der wache Sinn der Griechen für die Schönheit hat sie im allgemeinen davon abgehalten, körperliche Häßlichkeit darzustellen, er hat sie aber auch weithin befähigt, weiblichen Liebreiz zu gestalten. Als sie den Hermaphroditen schufen, versuchte ihre plastische Phantasie nichts anderes, als in einem Wesen zwei Aspekte der Natur und der menschlichen Schönheit zu vereinen, und ihre Philosophen haben bereitwillig die einander ergänzenden Eigenschaften gekennzeichnet.

Eros rechtfertigt die sinnlichen Beziehungen der Knaben untereinander, er ist der Anwalt der Liebenden, gegen die Hera, die Hüterin der Ehe, als Ankläger auftritt. Jedermann kennt die Geschichte der Phryne: die Heliasten machten ihr wegen Gottlosigkeit den Prozeß – durch das mutige Eintreten des Hypereides für sie wurde sie im Namen der Schönheit freigesprochen. Indessen bezeugt ein anderer und viel längerer ›Prozeß‹ noch besser die Verehrung des griechischen Altertums für die weibliche Schönheit und die Nachsicht für die Verführungen, welche sie hervorbringt.

Die Sache der Helena ist schon in ihren Anfängen schwer zu verteidigen: wiewohl verheiratet, ist sie bereitwillig dem Paris gefolgt, und der Trojanische Krieg hat stattgefunden, um die Ehre des Menelaos zu rächen. Bereits bei Homer ist die Verantwortlichkeit für die Entführung vor allem den Göttern übertragen, insbesondere der Aphrodite. Der strengere Hesiod weist der Heldin eine persönliche Schuld zu, aber mit den Lyrikern drängt sich das Problem der Schönheit in den Vordergrund. Für Aischylos hat Helenas Schönheit etwas Dämonisches. Euripides, der in die Sage psychologische und moralische Elemente

*Entführung der Oreithya
(im Nationalmuseum von Athen).*

Der Adler entführt Ganymedes, Bronzespiegel, in Berlin (7928).

*Der Schwan der Leda,
zwei Tonlampen,
im Museum
von Herakleion.*

hineinbringt, will sie auf die Stufe der Schamlosigkeit erniedrigen, weil sie Menelaos, wiewohl sie ihn erwählt hat, zugunsten eines glücklicheren Liebhabers verläßt. Dann sind es die Redner, die unter Ausschaltung der ethischen Gesichtspunkte wieder zurückkommen auf das Thema der Schönheit der Helena und auf ihre Nichtverantwortlichkeit. Daher das Plädoyer des Gorgias, daher vor allem die Lobrede des Isokrates auf Helena: er proklamiert mit Nachdruck das höhere Recht der Schönheit - das am höchsten verehrte, das kostbarste, das göttlichste aller Güter. Er erklärt, »man würde mehr Menschen finden, die durch ihre Schönheit unsterblich geworden sind als durch alle anderen Verdienste«. Er bekennt, Helenas Schönheit habe sie mächtig gemacht gleich den Göttern, und sie sei letzten Endes eine Wohltat für Griechenland gewesen. So ist Helena das Symbol für die Triumphe der allmächtigen Schönheit geworden, gewiß der kultischen Ehren würdig, die sie in Lakonien erhielt.

Die Künstler freilich haben nicht erst das Loblieb des Isokrates abgewartet, um nicht nur die Entführung der Helena unter dem Schutze der Götter zu zeigen, sondern auch die Rache des durch die Schönheit der Ungetreuen entwaffneten Menelaos. Auf den Vasenbildern ermutigen Aphrodite und Peitho Helena, dem Paris zu folgen; sie beschützen sie auch, wenn am Ende der Iliuperis Menelaos noch in der Rüstung des Hopliten mit gezücktem Schwert auf sie eindringt, um sie zu töten. Eros tritt dazwischen, und die Waffe entfällt der ungestümen Hand des Kriegers. Man denkt an den Gesang des Chores in der Antigone des Sophokles, der den im Kampfe unbesieglichen Eros feiert:

> »O Eros, unbesiegbarer Eros, du bist der, der sich auf unsere Herden stürzt und nachts, immer auf der Lauer, auf den blühenden Wangen der Jungfrauen wohnt. Du schweifst über das Meer, auch über die Felder, wo die Tiere hausen, und kein Gott, kein sterblicher Mensch, kein Wesen kann dir entrinnen. Wen du berührst, der rast.«

*Leda und der Schwan,
Marmorrelief, im Museum von Herakleion.*

Die Flügel des Eros erinnern in der Kunst an seine Schnelligkeit und an seine Gegenwärtigkeit, die sich über die ganze Welt erstreckt, gleichzeitig aber auch an seine Zugehörigkeit zu den höheren Sphären. Der Olymp ist eingeschlossen in diese Bewegung der Liebesleidenschaft: Götter und Göttinnen kennen das Verlangen und die Sinnesfreuden. Selbst Hera weiß sich schön zu machen für ihren unbeständigen Gatten, um sich mit ihm auf der göttlichen, plötzlich mit Blumen übersäten Erde auf dem Gipfel des Gargaros zu vereinigen. Aphrodite brennt vor Verlangen, sich den Umarmungen ihres Liebhabers Ares hinzugeben, während sie in die Schlingen des unsichtbaren Netzes, das Hephaistos, ihr Gemahl, bereitet hatte, geraten ist. Pluton entführt Persephone, und eine Metope von Selinunt zeigt die vertrauliche Szene, wo der Gott dasitzt, mit einer Gebärde herrscherlicher Majestät die Göttin am Handgelenk ergreift und sie an sich zieht, die vor ihm stehend lässig den Schleier wegnimmt, der sie verhüllte. (Die erregende Sinnlichkeit und die starke Gemütsbewegung dieser Szene sind oft geschildert worden.) Liebesrivalitäten, Streitereien und Eifersüchteleien bringen die Gottheiten gegeneinander, nicht weniger die galanten Abenteuer der Heroen, von deren Taten die Mythologie erfüllt ist. Überall tritt Eros dabei auf, Sendbote der allgewaltigen Macht, manchmal wie Hermes mit Flügelschuhen und dem Kerykeion ausgestattet. Nach dem Beispiel des Hermes ist er auch Psychopompos (Seelengeleiter), und die Verzückung der Seele durch die Liebe wird beleuchtet durch die Gruppen, bei denen er seit dem 4. Jahrhundert steht, später er selber vereint mit Psyche, auch sie mit bunten Schmetterlingsflügeln versehen.

Kann man den tiefen Sinngehalt der Flügel des Liebesgottes wirklich ausschöpfen? Wenn es auch gewaltsam geschieht, so ist doch der Liebesraub eines Menschen durch eine Gottheit eine Himmelfahrt, die den Erwählten zu einem höheren Dasein entrückt. Deswegen konnten solche Entführungsszenen in der Mitte von Giebeln dargestellt werden, auf Stirnziegeln am Rande des Daches, in Akroterien an der Giebelspitze sakraler Gebäude. Daher: sind denn die Flügel, mit denen bisweilen Entführer und Entführerinnen ausgestattet sind, nur persönliche Attribute dieser Gottheiten? Ist Eos, die Schwester des He-

Luftsprung und Kavalkade. Louvre.

lios und der Selene, geflügelt als Göttin der Morgenröte oder etwa weil Aphrodite, die auf sie eifersüchtig war, daß sie sich mit Ares vereint habe, aus ihr eine ewige Geliebte gemacht hat, ständig darauf aus, einen Geliebten zu entführen – Orion, Kephalos, Tithonos vor allem, für den sie von Zeus Unsterblichkeit erbat (wobei die Unglückliche zugleich auch ewige Jugend zu erbitten vergaß), sind ihre drei berühmtesten Eroberungen. Bei Boreas, dem Gott des Nordwindes, erinnern die Flügel gewiß an die luftige Bahn des Bruders von Zephyros und Notos, aber sie sind auch dem Entführer der Nymphe Oreithyia angemessen; sie wurde am Ufer des Ilissos geraubt, Platon schildert es in der Einleitung zum Phädros. Es ist auffällig, daß die Darstellungen des geflügelten Gottes, wie er die Erechtheustochter in seinen Armen davonträgt, häufig abwechseln mit Darstellungen von Eros im Gespräche mit Psyche (auf dem Bauch von Bronzehydrien, die für die Bestattungszwecke bestimmt waren). – Man könnte eine lange Liste aufstellen - von Kaineus zu Koronis, von Tereus zu Philomela, also von Liebenden oder Opfern der Liebe, die in einen Vogel verwandelt wurden: ist dies ein Zufall?

Wie dem auch sei – eine letzte Gedankenverbindung ergibt sich zwischen den Flügeln des Eros und den Tauben oder dem Schwan der Aphrodite, bis hin zu der heiligen Gans, die Skopas, im 4. Jahrhundert v. Chr. geb., zu Füßen seiner Allegorie des Liebesschmachtens setzte, des Pothos. In den Schwingen der flaumigen Federn zittert die Wärme der Sinnlichkeit. Auf einer schönen, dem Meidias-Maler zugeschriebenen Amphora in Arezzo, stellen die zwei sich paarenden Vögel über dem galoppierenden Gespann, das Pelops und Hippodameia davonträgt, eine durchsichtige Anspielung auf die Freuden dar, die die zwei Fliehenden erwarten. Auf attischen Schalen ist der Hahn, wie auch der Hase, das gewöhnliche Geschenk der Liebe, das Männer den Jünglingen anbieten, deren Gunst sie gewinnen wollen; und Knaben, die einen Hahn in der Hand halten oder mit einem Hähnchen spielen, sind sehr oft das Ziel der Werbung oder der Verfolgung der Liebenden. In der bemalten Tongruppe im Museum zu Olympia hat Zeus, der als bärtiger Wanderer erscheint, den jungen Ganymed ergriffen, und dieser trägt einen kleinen Hahn. Der erotische Charakter der Berührung mit den weichen

Federn wird ganz deutlich in den Bildern, wo Zeus sich in einen Adler verwandelt hat, um Ganymed zu entführen, oder in einen Schwan, um Leda zu betören.

Wenn der Adler in der Sage allgemein als einfacher Sendbote des Zeus verwendet wird, der beauftragt ist, auf der Erde den trojanischen Hirten zu holen und ihn in seine Fängen zur Wohnung der Unsterblichkeiten zu bringen, dann ist er ganz sicher für die Künstler der Gott in Person und der liebende Gott, der in der Gestalt eines Adlers seine Beute ergreift. Ich möchte als Beweis nur den wunderbaren griechischen Spiegel in Berlin anführen, auf dem der schöne Knabe, nackt neben dem Leib des Vogels, der ihn behutsam an sich heranzieht, am Halse des Adlers hängt und verzückt in Erwartung des Kusses den Kopf zurückwirft. Es ist bekannt, mit welcher Zartheit das Thema der Leda, der Zeus sich in der Gestalt eines Schwanes näherte, behandelt worden ist. Leda läßt die Schleier fallen, um den göttlichen Vogel schützend an ihre Brust zu nehmen, und erregt spürt sie die lebendigen und warmen Federn auf ihren Schenkeln, während der liebliche Hals des Tieres sich zu ihrem Munde erhebt.

Aphrodite, die bisweilen auf einem Schwan oder einer Gans reitet, dehnt ihre Herrschaft auf die Vögel aus, und Eros, Verkörperung ihrer Macht, hat Teil an ihrem Wesen. In dem allgewaltigen Reiche der Liebe ist diese Beziehung ohne Zweifel die anmutigste und poetischste.

Seite 29:
Der Tanz des Thiasos, im Louvre.

*Satyrn und Mänaden, Hydria des
Meisters der Caeretaner Hydrien,
in Wien (IV 3577).*

*Luftsprung und Kavalkade,
im Louvre.*

*Satyre und Mänade,
im Louvre.*

*Rückführung des Hephaistos in den Olymp.
Hydria des Meisters der Caeretaner Hydrien,
in Wien (IV 3577).*

Kapitel

II

Wenn auch der Bildtypus des Eros in der griechischen Kunst verhältnismäßig spät festgelegt wurde, so versteht es sich doch von selbst, daß die Vorstellung, die er verkörpert, in ihrer grundlegenden Bedeutung schon lange vorher hervorgetreten war. Noch bevor Eros gesehen wurde als der geflügelte Sohn der Aphrodite und insbesondere für die Liebesgefühle der Menschen und der menschengestaltigen Götter des Olymps bestimmt war, dehnte der Liebesgott wie ein Elementargesetz des ganzen Lebens seine Herrschaft über die gesamte Schöpfung aus. Von solchen Vorstellungen finden sich noch Reste in dem Chor der Antigone, den wir schon angeführt haben, und die Vögel des Aristophanes erzählen den Ursprung ihres Geschlechts:

»Denn Chaos und Nacht und Erebos waren zu Anfang und des Tartaros Öde. Nicht Himmel noch Erde, noch Luft waren da. Doch in des Erebos' totem Geklüft da gebar jetzt die Nacht mit schwarzen Flügeln das Urei, aus dem in der Monde vollendetem Kreise Eros zur Welt kam, am Rücken mit goldenen Flügeln geschmückt, Eros selber vergleichbar den schnellen Wirbeln des Windes. Er nun dem geflügelten Chaos gepaart ausbrütete im Schoße des umschatteten Tartaros unser Geschlecht.«
(Frei nach Droysen.)

In ähnlicher Weise verlegt die Theogonie des Hesiod seine Geburt vor die der Aphrodite, in die Zeit, da Chaos und Erde allein da waren. Wenn Eros auf klassischen Vasenbildern eine

*Rückführung des Hephaistos in den Olymp.
Hydria des Meisters der Caeretaner Hydrien,
in Wien (IV 3577).*

Ranke in der Hand hält oder eine Blume darbietet, kann man, abgesehen von der Anspielung auf die Blumen des Frühlings (der Jahreszeit der Liebe) an eine weit zurückliegende Erinnerung an frühzeitliche Glaubensvorstellungen denken; diese brachten ihn nicht nur in Verbindung mit dem Ursprung der Tiergattungen, sondern auch mit dem der Pflanzen. Nach einem Fragment aus den Danaiden des Aischylos ist Eros verantwortlich für die Vereinigung des Himmels und der Erde: die vom Regen befruchtete Erde brachte das Getreide hervor, das den Menschen, und das Gras, das die Herden ernährt.

Ebenso ist auch der Liebesakt mit ältesten ländlichen Riten verbunden. Die Geschichte von Demeter, die sich mit Jason »auf dreimal gepflügtem Acker« vereinigt, um einen Sohn zu empfangen, den Plutos, der den Reichtum verbreitet, muß in Verbindung gebracht werden mit Figuren, die ein verschlungenes Paar darstellen; sie wurden als Talismane getragen, um die Fruchtbarkeit der Äcker zu begünstigen.

Solche Vorstellungen scheinen schon für das Neolithikum bezeugt zu sein durch gewisse Terrakottabruchstücke, die in den untersten Schichten von Sesklo in Thessalien gefunden wurden. Neuerdings hat K. Majewski ein tönernes Votivbett im Museum von Belgrad aus späthelladischer Zeit veröffentlicht: auf dem Bett liegt ein ausgestrecktes Paar. Ein ähnliches Motiv begegnet uns in einem Stück der Sammlung Vlastos in Athen. Und noch viel später gibt es in der Inselkunst, speziell in der kretischen Kunst des 7. Jahrhunderts, recht viele Beispiele eines ›göttlichen Paares‹, in welcher man die Personen eines Hieros Gamos erkennen darf.

Außer dieser Darstellungsreihe gibt es noch eine andere, auch aus ältester Zeit: Bilder von Frauen mit gespreizten Beinen, deren Scham offen gezeigt wird. Die Darstellungen im ›Froschtyp‹, auch aus dem Neolithikum, die man besser verstanden hat, seit man sie mit einer Oenochoe aus Mallia mit eingeritzter Dekoration in Verbindung gebracht hat, sind das Vorspiel für eine lange Reihe von Ton- und Marmoridolen, die im Raum der Ägäis das darstellen, was wir die Große Göttin nennen. Obwohl sie oft ihren männlichen Genossen überstrahlte, ist es

Seite 36–41:
*Dionysos von zwei Satyrn begleitet,
im Louvre.*

klar, daß diese Gottheit nicht überall als das Wesen vorgestellt worden ist, das zu gebären fähig ist, ohne befruchtet zu sein. Ihre Weiblichkeit, ausdrücklich gekennzeichnet durch die Scham und die Brüste, erinnert an die grundlegende Verbindung der Idee der Befruchtung und der Fruchtbarkeit. Es gibt schließlich – bis auf die Schaukelstatuetten, die eine magische Wirksamkeit, um das Gedeihen der Äcker zu fördern, enthalten – keine eigentlich erotische Bedeutung des Schaukelns. Immerhin – es finden sich seit dem Neolithikum grobe Figuren mit Löchern für die Schnüre einer Aufhängevorrichtung. Kreta hat in der Bronzezeit die stehenden oder sitzenden Typen vermehrt, es handelt sich dabei um eine Göttin oder Priesterin auf der Schaukel. Eine Erinnerung daran ist noch im 5. Jahrhundert vorhanden, denn Polygnotos von Thasos hatte, so berichtet Pausanias, an den Wänden des Lesche der Knidier in Delphi neben anderen Personen eines Freskos auch Phädra dargestellt, wie sie auf einem Seil sich schaukelt.

Fügen wir noch hinzu: es wäre nicht richtig, wenn wir das hübsche Bild auf einem rotfigurigen Skyphos in Berlin – es ist am Ende des Buches abgebildet – nur als eine schlichte Genreszene ansähen: ein junges Mädchen sitzt auf einer Schaukel und läßt sich von einem Kavalier abstoßen. Der Kavalier ist zufällig ein Satyr! Das junge Mädchen nimmt an einem dionysischen Fest teil, an dem attischen Fest der Aiora. Nach der Legende wurde dieses als Sühne für die Ermordung des Ikarios eingerichtet. Ikarios war ein Lokalheros, der einst von seinen Nachbarn umgebracht worden war, weil diese sich für vergiftet gehalten hatten, als er sie den neuen Wein, die Gabe des Dionysos, kosten ließ. Zu Ehren der Erigone, der Tochter des Ikarios, die sich, wie man erzählte, an dem Baume, an dem der Leichnam ihres Vaters niedergelegt worden war, aufgehängt hatte, und zur Erinnerung an eine richtige Epidemie von Selbstmorden durch Erhängen, die in der Folge durch den Zorn des Dionysos entfacht worden war, sang man ein Klagelied und befestigte in den Zweigen der Bäume Seile, auf denen die jungen Mädchen sich schaukelten. Tatsächlich ist die Geschichte von dem Erhängen der Erigone wie auch die Überlieferung, nach der Phädra sich aus Gewissensnot und Verzweiflung über den Tod des Hippolytos erhängt habe, nichts anderes als ein aitiologischer Mythos, um einen Ritus zu erklären, der aus alter Zeit sich vererbt hatte.

Ein weiteres Beispiel für ein deutliches Nachleben ist in klassischer Zeit die Zeremonie des Bukoleion, am zweiten Tage der Anthesterien. Die Anthesterien sind, wenn man Thukydides glaubt, das älteste Dionysosfest in Athen, sie wurden zu Frühlingsanfang gefeiert, am 11., 12. und 13. Tage des Monats Anthesterion. Sie begannen mit einem Weinfest: der Bann, der auf dem Wein der letzten Ernte lag, wurde feierlich aufgehoben, man öffnete die Fässer, brachte dem Gott eine Spende dar und - trank viel! Dann folgte eine Wiederholung der Ankunft des Dionysos in Attika; der Schiffskarren, der daran erinnerte, daß der Gott übers Meer gekommen war, wurde zunächst in das Limnaion gefahren, in das Heiligtum ›in den Sümpfen‹. Hier fanden verschiedene Zeremonien statt, an denen die Basilinna mit ihren Ehrendamen teilnahm, die ›Königin‹ (tatsächlich die Gemahlin des Archon Basileus, die Nachfolgerin der ehemaligen Königin in den ersten Zeiten der Stadt). Dann stieg die Basilinna zu seiten des Gottes auf einen Hochzeitswagen, der bis zur alten Königsresidenz fuhr, Bukoleion genannt, wo sie den Hieros Gamos vollzog – die Vereinigung des Dionysos mit der Königin.

Mystische Vereinigung oder fleischliche? Der Ausdruck, dessen sich Aristoteles in der Verfassung von Athen bedient, scheint eine sinnliche Vereinigung mitzuenthalten, und es wäre nicht erstaunlich, wenn die Rolle des Dionysos vom Archon Basileus übernommen worden wäre, in Erinnerung an die alten Vorrechte des Priester-Königs. Der sexuelle Vorgang scheint also wirklich stattgefunden zu haben. Wir finden hier den ländlichen Ritus der Heiligen Hochzeit (Hieros Gamos) wieder, und die Beschwörung der Toten am letzten Tage der Anthesterien, wo man die im Schoße der Erde schlummernden Kräfte erweckt, erstreckte sich auf die gleiche Wirksamkeit; denn Dionysos ist, seinem chthonischen Charakter gemäß, Pluton der Reiche, und indem er über die Toten herrscht, besitzt er auch einen Schatz von aufgespeicherten dunklen Kräften, welche sich auf die Fruchtbarkeit der Äcker und auf die Befruchtungsfähigkeit der Lebewesen beziehen.

Links:
Esel, in
München.

Eros und
Anteros,
Herakleion.

Es ist offensichtlich kein Zufall, daß uns zweimal sehr alte Riten mit erotischer Magie in der klassischen Zeit als Bestandteile von Zeremonien des Dionysoskultes begegnet sind – die Aiora und die Anthesteria. Es gibt noch andere Übereinstimmungen: Eros, so haben wir gesagt, hält gelegentlich einen Zweig oder eine Blume in der Hand, und die Dichter besingen seine Wiederkehr im Frühling. Dionysos hält auf einer ganzen Serie von Vasenbildern einen Blütenzweig, der sich sonderbarerweise teilt und sich mit Trauben bedeckt. Einer der klarsten Wesenszüge des Dionysos ist, daß er ein Genius der Erneuerung ist. Eros ist der Anführer bei den Entführungen, bei den Verzückungen, die

die Seele entrücken. Dionysos ist recht eigentlich der Gott des Besessenseins, der Raserei und der Orgie. Man kann auch von ihm sagen, was Sophokles von Eros sagte: »Der, den er berührt, rast«. Eros strebt danach, die Wesen zu vereinen, er bekränzt und schützt die Liebenden – Dionysos stachelt den Fortpflanzungstrieb an, er liebt die Lust und begünstigt die Freuden. Alles fügt sich insgesamt so ineinander, als ob die ursprünglichen Wesenszüge des Eros, so wie ihn die ältesten Theogonien kennzeichnen, zu einem großen Teil auf Dionysos übertragen worden sind. Daher kommt es auch, daß in der dionysischen Bilderwelt die am meisten ›erotischen‹ Aspekte (im geläufigen Sinne des Wortes) der griechischen Religion sich finden.

Möglicherweise hatten anfangs Silene und Satyrn gar keine Beziehung zu Dionysos, tatsächlich haben sie jedoch ihre ganze Bedeutung erst als Begleiter des Dionysos gewonnen, als die typischen Gestalten seines Gefolges, und ihre Anwesenheit, ihre Gebärdensprache bestimmten die Tonart in der Gesamtheit des Thiasos. Die Lüsternheit ist ein Grundzug ihrer Natur, und freche Unanständigkeit hat schon immer ihr Benehmen gekennzeichnet. Ohne Zweifel erscheint ihre Häßlichkeit seit dem 4. Jahrhundert weitgehend gemildert: die praxitelische Poesie hat diese rustikalen Wesen verwandelt, der ›Ausruhende Satyr‹, der ›Einschenkende Satyr‹ sind liebenswerte Erscheinungen, wo die wohlklingende Schönheit der jugendlichen Formen, die Anmut der Haltung und das geheimnisvolle Lächeln die spitzen Ohren unter den kurzen Haarsträhnen vergessen lassen. Die hellenistischen Satyrn haben die Ausgelassenheit der Jugend, aber ihre Liebesunternehmungen, oft ungeschickt und erfolglos, bleiben im allgemeinen in den Grenzen des Getändels; Silenos hingegen erscheint in seiner Rolle als Nährvater des Dionysoskindes oder auch als ›Ältester des Thiasos‹, seine untersetzte Gestalt immer nur voll des Weines. Indessen – verlassen wir uns nicht allzu sehr auf ihr freundliches Wesen.

In Wirklichkeit ähneln Silene und Satyrn sehr jenen ›wilden Männern‹, den Bewohnern des Waldes, die die Volkskunde bei allen Völkern kennt. Bärtig, dicht behaart, flink, gefräßig und geil, sind diese Kerle ziemlich beängstigend. Sie begnügen sich nicht damit, Nymphen zu überfallen, »um sie zu lieben in der

Silen und andere Personen (Schale in Berlin).

Tiefe der lieblichen Höhlen«, wie der Dichter eines der Homerischen Hymnen sagt. Von den Tieren besitzen sie nicht nur den Charakter, sondern auch gewisse körperliche Eigentümlichkeiten. Die archaische Kunst zeigt sie mit Pferdefüßen, mit langem Schweif und Pferdeohren. Sehr bald werden die Beine menschlich, in der klassischen Zeit wird der Schwanz kürzer, in der Skulptur verschwindet er sogar, und wenn auch das plattnäsige Gesicht sich vermenschlicht – die Ohren bleiben bis ans Ende Tierohren. Hellenistische Satyrdarstellungen zeigen manchmal am Halse Ziegendrüsen, während Hörner über ihrer buckeligen Stirne wachsen. Behalten wir diesen Charakter des Mischwesens im Gedächtnis und merken wir uns, daß Silene und Satyrn

*Dionysischer Thiasos,
Skyphos, im Louvre.*

*Voluptas, Terrakotta,
im Museum von Tarent.*

*Liebesgeflüster,
Bronze,
im British Museum.*

ursprünglich Pferdemänner sind, trotz späterer Abwandlungen, die gewiß durch den benachbarten Typus des ziegenfüßigen Pan bestimmt wurden.

Eine anfängliche Verwandtschaft besteht auch mit den Kentauren. Wenn auch die Mythologie einige gute Kentauren kennt (Chiron - den Lehrer Achills, Pholos - den Freund des Herakles) - die berühmtesten Mythen beleuchten ihre Roheit und Lüsternheit. Eurytion will sich die schöne Mnesimache mit Gewalt gefügig machen, wiewohl sie bereits mit Herakles verlobt ist. Rhoikos und Hylaios finden sich zusammen, um die Jungfrau Atalante zu überfallen. Nessos, der Fährmann am Ufer des Euenos, will der Deianeira, die ihm Herakles anvertraut hatte, Gewalt antun - der Held muß dazwischentreten und den Kentauren mit seinen Pfeilen durchbohren. Die posthume Rache des Unholdes wird schrecklich sein: als Sterbender macht er Deianeira glauben, es genüge, um sich der Treue des unbeständigen Ehemannes zu versichern, ihm ein Kleidungsstück zu tragen zu geben, das in sein Blut, das er vergossen hatte, und in seinen Samen getaucht war. Man kennt, was folgt und was der von magischer Mischung durchtränkte Mantel verursacht: den Tag, den Herakles mit so viel Schmerzen beendet; auf dem Berg Oita stürzt er sich in die Flammen des Scheiterhaufens, den er selbst errichtet.

Da ist selbstverständlich auch noch die Geschichte von der Hochzeit des Peirithoos. Als Halbbruder der Kentauren von seinem Vater Ixion her hat Peirithoos sie zur Hochzeit eingeladen. Jedoch - erregt vom Wein und unbekümmert um die Gesetze der Gastfreundschaft, greifen die Rossemänner alsbald die Braut selber an, auch die anderen Frauen, die noch da sind und die Jünglinge. Peirithoos muß mit seinen Landsleuten, den Lapithen, unterstützt von dem athenischen Helden Theseus, den Kentauren einen erbitterten Kampf liefern, um sie abzuwehren. In der griechischen Malerei und der Skulptur ist dieser Kampf oft dargestellt worden, seinen großartigsten Ausdruck hat er im Westgiebel des Zeustempels von Olympia gefunden. Die wiederentdeckten Teile bezeugen, mit welcher Gewalt und mit welchem Realismus der Künstler die Rosse-Ungeheuer dargestellt hat, wie sie das Gesicht verzerren vor Anstrengung und

Seite 53:
Das Weihgeschenk des Karystios, in Delos.

Übelabwehrende Phallen, in Delos.

Auf dem Bett, Relief, im Nationalmuseum von Athen.

Der Zecher und seine Genossin, Terrakottagruppe, im Nationalmuseum von Athen.

Schmerz, wie sie ihre Beute fest umklammern, viel zu besessen vor Gier, als daß sie sie selbst unter den mörderischsten Schlägen ihrer Gegner fahren ließen. Die Hände krallen sich an den Frauenbrüsten fest, die sie angefaßt haben. Sie haben ihnen die Kleider zerrissen, die nun herabgleiten und das Fleisch entblößen, nach dem sie lüstern sind. Die Pferdebeine umklammern wie die Arme gewaltsam Hüften und Schenkel, und an den Bäuchen der Rossemänner sind die Adern geschwollen. Eine herrliche und wilde Sinnlichkeit beseelt die gesamte Komposition; allein gewisse Szenen bacchischer Orgien von Satyrn und Mänaden bieten ähnliches.

Ein wesentlicher Unterschied indessen hebt diesen leidenschaftlichen Ansturm von dem Liebeskampf des Thiasos ab. Es ist nicht nur die Tatsache, daß in den Körpern der Kentauren – menschliche Oberkörper einem Pferdeleib aufgepfropft – die Tiergestalt stärker gekennzeichnet ist als im Körper der Silene und Satyrn, die wie Menschen gehen und deren übergroßes Geschlecht wenigstens das Aussehen des menschlichen behält. Es gibt gewichtigere Unterschiede: die Brunst der Kentauren ist von Pathos erfüllt, denn der Tod kommt in jeder Fassung der Sage zu ihnen, um den blinden Drang zu unterbrechen oder zu bestätigen. Die instinktmäßige Sexualität der Satyrn hingegen findet ihre Befriedigung in der Lust und tritt als ein Bestandteil zu der Freude des Frühlings hinzu.

Wie die Giganten, die Söhne der Erde, sind auch die Kentauren Verdammte: die Frechheit des Nessos ist dem Frevel des Tityos verwandt, der Leto zu schänden suchte, und die Schlacht gegen die Lapithen ist dem Kampfe gegen den Olymp vergleichbar. Ruchlos wie Ixion, ihr Vater, der nicht damit zufrieden, die geschworene Treue verraten und schändlicherweise seinen Schwiegervater Deineus getötet zu haben, gewagt hatte, Hera zu begehren und sich mit einer Wolke zu vereinigen, die ihr ähnlich sah, verkörpern die Kentauren wie die Giganten die von den Göttern verworfene Hybris. In der Mitte des Giebels von Olympia befiehlt Apollon mit herrscherlicher Gebärde ihren Untergang. 30 Jahre später stellt die Kentauromachie auf den Südmetopen des Parthenon und die Gigantomachie auf den Ostmetopen eine Züchtigung dar, die uns zum Nachdenken zwingt.

Seite 57:
Aus der Umgebung des choregischen Weihgeschenkes des Karystios, in Delos.

Der Kuß. Terrakotta, in Tarent.

Wagen in Form eines Phallos (Museum von Mykonos).

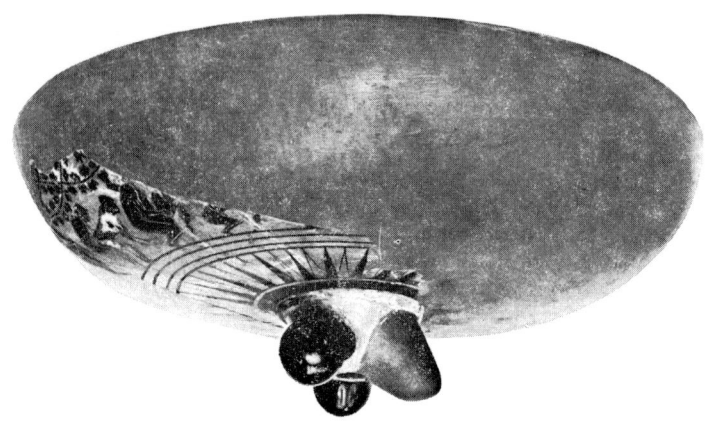

Schale mit Fuß in Form eines männlichen, von Compiègne.
Rechts: Symplegma, Terrakotta, im Museum von Delos.

Obwohl ihre Gesichtszüge sich vermenschlichen in bisweilen ergreifender Art und obwohl das Motiv des Raubes eine sekundäre Stelle einnimmt, sind doch die Kentauren des Parthenon Gefangene ihrer rebellischen Animalität – Verfluchte: in den Zweikämpfen mit den Lapithen tanzen sie ein Ballett des Todes.

Im Gegensatz dazu tanzen die Satyrn ein Ballett des Lebens. Ihr tierisches Wesen fordert nicht mehr die Götter heraus. Diese Gestalten zwischen Mensch und Tier sind den dunklen Kräften der Unteren Welt verwandt. Sie sind eingefügt in eine kosmische Ordnung, in der selbst die Unterwelt von den Göttern beherrscht wird: wo Hades im Schoße der Erde regiert, wo Demeter und Persephone den Rhythmus des Pflanzenlebens und die regelmäßige Wiederkehr der Erntezeit bestimmen, in der Aphrodite der universalen Fruchtbarkeit Sicherheit verleiht. Gehorsam dem Dionysos, in seinen Zug eingefügt, hören die Satyrn auf, ein Gegensatz zu sein – in der Gegensätzlichkeit ihrer doppelten Natur von unvereinbaren Kräften, um die mögliche Verschmelzung in einer mystischen Harmonie derer zu erhellen, die von einem Gotte besessen Zugang zum Überirdischen haben.

*Liebesverfolgung
(Attische Schale,
Nationalmuseum in Athen).*

*Seite 61/62:
Komasten,
Schale, in Berlin.*

Trotz ihrer Häßlichkeit, trotz des burlesken Charakters ihrer Verrenkungen gibt es selbst in ihrer Raserei und in ihrer beständigen Erregung das Zeichen einer ›Verzückung‹. Akrobaten, Tänzer und Musikanten, sind sie die Dämonen der Ekstase, für die die Erotik ihrerseits wieder ein Ausdruck ist.

Ein dem Hesiod zugeschriebener Text verbindet die Satyrn mit den Kureten, »die sich an Spiel und Tanz erfreuen««. Die Satyrn sind auch Spieler, und ihre Wendigkeit, ihre Beweglichkeit, ihre lebhafte Schnelligkeit machen ihre Spiele denen von Tieren ähnlich, die der Überschwang ihrer jungen Kräfte und ihre kraftvolle Beweglichkeit hinwegreißt. Sie setzen sich auf die Deichsel des Dionysoswagens, springen wieder hinab, sie lauern wie die Katze auf die Maus auf die weiße Gestalt einer badenden Nymphe, sie rempeln sich an, sie hüpfen auf eine rollende Amphora, sie fangen ein Tier ein im Lauf, bereit es zu bespringen. Sie sind Spaßvögel und Faulpelze – außer im Dienste ihres Gottes: bei der Weinlese, beim Keltern der Trauben und wenn sie die vollen Schläuche schleppen. Sie sind neugierig nach allem, alles entzückt sie, alles belustigt sie, selbst ihre eigenen körperlichen Besonderheiten: ihr langer Bart, ihr Pferdeschweif, ihr Geschlechtsteil in Erektion.

Die Bilder auf einem Psykter des Duris, die wahrscheinlich von einem ›Satyrspiel‹ angeregt sind (eines jener Lustspiele, in denen ein Satyrchor die Hauptrolle spielt), zeigen noch andere Belustigungen. Hier bilden die Satyrn eine geschlossene Truppe; ihr wie Hermes gekleideter Anführer bemüht sich, mit dem Kerykeion in der Hand, sie zu bändigen. Jedoch – sie haben Wein entdeckt, da folgen sie ihm nicht mehr. Einer bringt auf der flachen Hand einen Kantharos herbei, ein anderer kniet, biegt den Oberkörper zurück und balanciert auf seinem aufgerichteten Glied ein großes Gefäß, in das ein dritter Genosse einen Krug entleert. Auf dem Boden stehen zwei Schalen, neben der ersten zwei Satyrn auf einem Bein, sie versuchen aus der Schale zu trinken, ohne ihre Haltung zu verlieren; neben der zweiten Schale geht einer auf Händen und will mit dem Kopfe nach unten trinken. Weiter weg sitzt ein Satyr auf seinem gebeugten Bein, hat den Körper zurückgeworfen und bemüht sich, ohne daß ihm die Luft ausgeht, zu gleicher Zeit den Inhalt eines

Seite 64–73:
Lampen mit erotischen
Szenen, im Museum von
Herakleion.

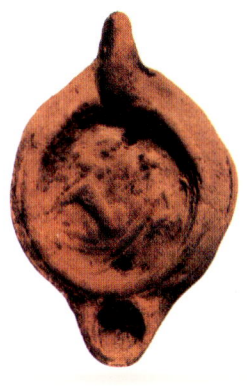

Schlauches und eines Kruges zu schlucken, den zwei seiner Kumpane ihm in den offenen Mund gießen.

So sind die Satyrn unter sich. Aber sie erscheinen öfter noch in Gesellschaft der Mänaden, und ihre Gestikulation und Akrobatik passen sich dem Rhythmus des orgiastischen Tanzes an, und sie unterstützen und verlängern damit die Überschwenglichkeit. Zu den Sprüngen der Frauen, die das Besessensein herbeirufen oder bewirken, zu ihren Wirbeln, Krümmungen und Drehungen, zu den Zuckungen, die ihren Körper schütteln und ihre Hände an den Schaft der Thyrsosstäbe verkrampfen, zu all dem gehört das dämonische Tanzspiel der Satyrn, die selbst von einer göttlichen Mania besessen sind. In dem entfesselten vereinten Chorus geben sie Beispiel und Impuls, aus ihren Lippen entwickelt gleichzeitig der schrille Ton der Doppelflöte unter dem Rasseln der Krotalen und dem Dröhnen des Tamburins das Thema der Zaubermelodie. Denn diese grotesken Wesen besitzen das Geheimnis einer Musik, die – um wie Alkibiades im Symposion des Platon zu sprechen – »den Zustand des Besessenseins hervorruft und verkündet, wer die Götter und ihre Begehungen erwartet«. Zahlreich sind auch die Vasen in der ersten Hälfte des 5. Jahrhunderts, die Satyrn zeigen, die verzaubert sind von ihren eigenen Akkorden und sich dem Rausche der Musik hingeben.

Man soll nicht glauben, daß die Lüsternheit der Satyrn im Gegensatz stehe zu den oben geschilderten Merkmalen. Ohne Zweifel hat das »Satyrspiel« oft ironische Bemerkungen gemacht über den Appetit, über die Feigheit und Faulheit dieser unablässig aufgeregten Burschen, die ununterbrochen auf der Suche sind nach glücklichen Zufällen, immer bereit, sich auf Nymphen oder Mänaden, ja selbst auf Göttinnen zu stürzen: hat doch ihre Vermessenheit sie, wie man sagte, dazu getrieben, eines Tages einen Angriff auf Iris und Hera zu wagen:

> Silenos selbst ist, wenn es ihn reizt, vornehme Väter zu spielen – in den ›Spürhunden‹ des Sophokles – nicht gerade zartfühlend gegen sie: »Unreine Wesen, wachsweiche, gemeinste Tiere. In jedem Schatten seht ihr eine Quelle des Schreckens, über alles entsetzt ihr euch, kraftlose Knechte, gleichgültige, niederträchtige. Nichts habt

ihr aufzuweisen als einen seelenlosen Leib, nur eine Zunge, nur einen Phallos.‹«

Aber im ›Kyklops‹ der Euripides beklagen sich Silenos und die Satyrn, Gefangene des Kyklopen Polyphem, gemeinsam über einen zu langen ›Witwerstand‹, wodurch der ›kleine Liebling‹, der ihnen am Bauche baumelt, zu kurz komme, und sie haben nur diese Ängste:

> »Ja – närrisch wäre ich darauf, einen Becher zu leeren, einen einzigen, im Austausch gegen alles Vieh des Kyklopen, und ich würde in eine bittere Welle springen, vom Leukadischen Fels herab, für einen Augenblick von Trunkenheit, bei der die Augenbrauen sich entspannen... Das kann man zum Recht erheben: eine Brust befühlen und mit beiden Händen tasten nach anderen Bezirken ganz in der Nähe... Das ist gleichzeitig: Tanz und Vergessen alles Üblen.«

Man kann sich gut die komische Wirkung vorstellen, wenn ein wenig später im gleichen Stück, Polyphem den Silenos in den Hintergrund seiner Höhle zerrt, um aus ihm dort seinen Ganymed zu machen.

Diese obszönen Anspielungen sind von leichter und sicherer Wirkung auf das Publikum. Man wird indessen nicht übersehen, daß der Lüsternheit der Satyrn die Musik und der Tanz beigesellt sind, begünstigt durch den Trank des Dionysos. Sie steigert sich, besonders wenn sie an den Mänaden geübt wird, in der orgiastischen Atmosphäre, die die Gegenwart des Gottes erregt, geradezu zu einem Sinnentaumel – zu einer neuen Form von Trunkenheit und Besessenheit, welche ins Überirdische entrückt. Es ist ein Liebestanz, den die Satyrn aufführen. Der ›Pas-de-deux‹, die akrobatischen Stellungen, in denen man sie auf archaischen Vasen sieht, in Gruppen oder verschmolzen mit ihren Partnerinnen – das alles könnte man wohl auch als etwas ganz anderes betrachten als nur der schlüpfrigen Phantasie eines Malers entsprungen, es könnte sich dies, zumindest anfangs, wohl auch entzündet haben an einem Einweihungsritual, dessen burleske und rohe Seite Platon abstieß, ohne daß er freilich gewagt hätte, sie ausdrücklich zu verurteilen (in den Gesetzen):

»Hinsichtlich alles dessen, was bacchischer Tanz ist und hinsichtlich derer, die sich diesen Tänzen hingeben, die man tanzt, indem man, so behauptet man, Nymphen, Pane, Silene und trunkene Satyrn beschwört, in gewissen Reinigungs- und Einweihungsritualen – diese Art von Tanz ist nicht leicht abzugrenzen, nicht als kriegerischer, nicht als friedlicher oder wie auch immer – wollen wir uns darauf beschränken zu sagen, daß diese Art von Tanz nichts Politisches ist, lassen wir sie daher dort, wo wir sie gefunden haben.«

Man ist versucht, noch weiter zu gehen. Wenn auch die Mänaden auf klassischen Vasen den Vertraulichkeiten der Satyrn offensichtlich wenig gefügig sind und diese durch gezielte Stöße mit dem Thyrsosstab von sich fernzuhalten versuchen (dieser Stab ist eine Stange mit einem Büschel von Efeublättern oder einem Pinienzapfen an der Spitze, die Anhänger des Dionysos schwingen ihn bei ihren Tänzen) – eignen sie sich nicht trotz allem den Phallos der Angreifer wie einen Bestandteil des Ritus an? Ebenso – wenn in den Saufszenen die Flötenspielerin, eine gewöhnliche Bacchantin, das Ende ihrer Schalmei auf das aufgerichtete Glied dessen setzt, der sie begehrt, setzt sie dann nicht mehr oder weniger den Phallos gleich mit dem Instrument der Zaubermelodie? Dies ist sicher: die sexuelle Erregung gehört, wie der Geschlechtsakt selbst, in den dionysischen Zusammenhang; und deswegen hat sie auch nichts Schamloses. Man kann gewiß darüber lachen oder spotten, wie über die burlesken Abenteuer des Liebeskampfes, den man so oft in den Gruppen von Satyr und Nymphe oder Satyr und Hermaphrodit in der hellenistischen Kunst findet. Aber es bleibt dabei, daß die erotische Erregung selbst in ihrer tierischen Form – sei es beim Menschen, sei es beim Tier selbst – teil hat an der dionysischen Erregung und ein Teil ist des heilkräftigen Antriebes der geheimnisvollen Kräfte der Fruchtbarkeit und der Befruchtung. Bei den Griechen besitzt sie geradezu einen sakralen Charakter. Die ungeheure Erektion des ›Silen mit dem Kantharos‹, ein spätarchaisches Relief am Stadttor von Thasos, bestätigt dies zur Genüge, denn es handelt sich ganz offensichtlich um ein kultisches Weiherelief, das dazu bestimmt war, den magischen Schutz des Tores zu sichern und den Wohlstand der Stadt zu fördern.

Hierfür gibt es noch andere Zeugnisse. Die klassische Epoche hat bemerkenswerterweise in der Kunst die ungeheure Lüsternheit der Satyrn abgeschwächt. Als Ausgleich hierzu vermehren sich die Bilder des Pan, des Gottes der Herden, eines anderen Mischwesens, der gleichfalls Musikant und ein recht munterer Bursche ist. Auf den Vasenbildern verfolgt er junge Hirten, die ihre Tiere hüten, oder er ist bei der Geburt der Aphrodite dabei und nimmt am Heraufkommen von Frühlingsgöttinnen aus der Tiefe der Erde teil. In der Skulptur sehen wir ihn in Gesellschaft von Nymphen oder auch, wie er zärtlich der schönen Daphnis Unterricht im Syrinxspielen erteilt, oder auch: wie es den Frechen treibt, nachdem er mit Ziegen ausgelassen scherzt, in schamloser Weise sich der Aphrodite zu nähern. Es gibt im Hause der Poseidoniasten von Berytos auf der Insel Delos eine Weihung des Dionysos, des Sohnes des Zenon, eine Marmorgruppe etwa aus dem Ende des 2. Jahrhunderts vor unserer Zeitrechnung; sie ist ein wenig überraschend für unsere Vorstellung: Aphrodite zeigt mehr Vergnügen als Zorn bei der Verteidigung ihres nackten Leibes gegen das Verlangen des Bockgottes; ihre Geste verbirgt viel weniger, als daß sie ausdrückt, was sie dem grotesken Schmachter verweigert. Die Sandale, mit der sie den Angreifer bedroht, ist eine lächerliche Waffe. Das Ganze erscheint uns heute wie ein Bubenstreich. Aber die Wahl des Weihenden begreifen wir besser, wenn wir in den Dionysiaka des Nonnos die fromme Sage lesen, die reich an heiklen Abenteuern ist und die Gründung der Stadt Berytos am Gestade des Libanon und die Einrichtung ihrer Kulte beschreibt.

Im allgemeinen könnte man über die tieferen Gründe des religiösen Typs der nackten Aphrodite, der so oft seit dem 4. Jahrhundert wiederholt wurde, dieses sagen: die Haltung der Arme wird gewöhnlich als eine Bewegung der Scham gedeutet. Man könnte im Gegensatz dazu aber in der Senkung der einen Hand in Richtung auf die Scham auch meinen, diese Gebärde sei ursprünglich eher ein unbedenklicher Hinweis auf die weibliche Wesensform gewesen – sei es nun in Erinnerung an frühzeitliche Fruchtbarkeitsidole oder unter dem Einfluß bestimmter orientalischer Kulte. Die berühmte Aphrodite von Knidos, das Werk des Praxiteles, stand, so lesen wir, in einem offenen Tempel-

chen, der es erlaubte, alle Einzelheiten ihres Leibes ohne Schleier zu sehen; er stand in einem Heiligtum inmitten einer üppigen Gartenlandschaft. Die Vermutung ist verlockend, daß die Nacktheit des Götterbildes nicht ohne Bezug auf den Charakter der Gottheit des Pflanzenwuchses war, daß die Nacktheit also eine rituelle gewesen ist. So wurde ja auch Priapos, der große Gott von Lampsakos, der Hüter der Wein- und Obstgärten, rituell ithyphallisch dargestellt – weil dieser Wesenszug den Übeltäter, der der Ernte schaden könnte, abschreckte; außerdem handelt es sich bei dem ithyphallischen Charakter auch um eine Magie, die den Pflanzen des Geheges, in dem er stand, günstig war. Priapos, nach der griechischen Mythologie ein Sohn des Dionysos und der Aphrodite, gehörte schließlich auch, wie es nicht anders sein konnte, zum Gefolge des Dionysos.

Was uns heute oft unanständig und obszön erscheint, das war es für die Alten keineswegs. Pygmalion, der die Elfenbeinfigur einer Frau liebte, die er selbst geschnitzt hatte, wurde, so heißt es, von Aphrodite erhört: die Göttin hauchte der Statue Leben ein, damit er sie zur Frau nehmen und mit ihr eine Tochter haben konnte. Man erzählt auch, daß ein junger Mann aus gutem Hause, als er in Knidos die Aphrodite des Praxiteles sah, von ihr in heißer Liebe so hingerissen war, daß er im Schutze der Nacht dem Marmor ein deutlich sichtbares Zeichen seiner Glut aufdrückte. Diese leidenschaftliche Huldigung scheint man nicht als Gotteslästerung empfunden oder bestraft zu haben. Der Schuldige verschwand auf geheimnisvolle Weise, es ging das Gerücht, er habe sich ins Meer gestürzt. Dagegen ist die gegen Alkibiades angestrengte Klage bekannt – die Folge eines Skandals, den die Verstümmelung der Hermen auf den öffentlichen Plätzen Athens am Vorabend der sizilianischen Expedition im Jahre 415 hervorgerufen hatte: jedoch das waren nur Marmorpfeiler, die in einem Kopfe endigten und sonderbarerweise etwa in der Mitte des Schaftes ausgestattet waren mit einem männlichen Glied, gewöhnlich in Erektion.

Rechte Seite: Aphrodite und Pan, Marmorgruppe aus Delos, im Nationalmuseum in Athen.

*Liebesspiele,
Bruchstücke von Reliefvasen,
im Museum von Delos.*

Genius mit drei Phallen, Kalksteinrelief im Museum von Delos.

Rechts: Vogelphallos, etruskische Aschenurne, in Berlin (F 1629).

Der personifizierte Phallos, Terrakotta, im Museum von Delos.

Thetis und Peleus, attische Schale des Peithinos, in Berlin (2279).

*Zecher und Hetäre,
attische Schale.*

*Jungfrau legt ihre Kleider ab,
attische Schale des Douris,
im Metropolitan Museum
von New York.*

*Nackte Frau entleert sich
in einen Krater, attische Schale
in der Art des Erzgießerei-Malers,
in Berlin (3757).*

*Satyrn mit Amphora,
attische Schale des Panaitios-Malers,
in Boston, Museum of Fine Arts
(10179).*

Belustigung, attische Schale in der Art des Eleusis-Malers im British Museum (E 816).

Satyr und Mänaden, attische Schale des Makron in München (2654).

Liebesgott, attische Schale des Panaitios-Malers im British Museum (E 44).

Rechte Seite:
*Symposion, attische Schale des Triptolemos-Malers,
in Berlin (F 2286).*

*Satyr und Mänade, attische Schale des Makron,
im Metropolitan Museum von New York (06.1152).*

Begegnung, attische Schale, im Louvre.

*Trunkener und Hetäre,
attische Schale des Brygos-Malers,
in Würzburg (479).*

*Ephebos und Pais,
attische Schale des Makron,
in München (2655).*

*Satyr und Mänade,
im Museum von München.*

Satyr und Mänade, attische Schale.

96

Paris und Helena (?), im Museum von Herakleion.

Kapitel

III

Die Hermenpfeiler haben wahrscheinlich ihren Ursprung in den anikonischen Darstellungen des arkadischen Hermes. Manchmal wurden sie als Grabsteine verwendet, aber ihre Anhäufung entlang den Landstraßen, später auch in den Städten, an den Straßenkreuzungen, auf Plätzen und schließlich in den Häusern, hängt mit den übelabwehrenden Eigenschaften zusammen, die man den Hermen zuschrieb, gleich den ländlichen Priapbildern, die, oft bis zum äußersten vereinfacht, den bösen Blick abhielten. Der volkstümliche Glaube schrieb ihnen eine wohltätige Wirkung zu.

Ob sie nun schon vor der Ausbreitung der Dionysosreligion bestanden haben oder nicht – Phallos-Prozessionen und Phallos-Weihungen begegnen in Griechenland seit archaischer Zeit immer in Verbindung mit Dionysosfesten. Im 6. Jahrhundert bemerkt Heraklit von Ephesos in einem überlieferten Text, daß man sich schämen müßte, wenn die Phallos-Prozessionen und -lieder nicht zu Ehren des Dionysos stattfänden. Auch Herodot (5. Jahrhundert), der während seines Aufenthaltes in Ägypten Prozessionen gesehen hat, bei denen das Bild einer phallischen Gottheit herumgetragen wurde, stellt die Beziehungen zu den dionysischen Riten fest und schließt daraus, daß der Dionysoskult aus Ägypten nach Griechenland eingeführt wurde. In Attika bestand das volkstümlichste Dionysosfest – es ist auch ohne Zweifel das älteste, die Dionysien in den Feldern – hauptsächlich im Herumtragen eines riesenhaften Phallos bei einer Prozession und im Darbringen eines Opfers. Dieser Zeremonie

*Flötenspieler und Tänzerin,
attische Schale des Brygos-Malers,
im British Museum.*

*Seite 101:
Satyr entführt eine Mänade, nikosthenische Amphora
des Oltos, im Louvre (G 2).*

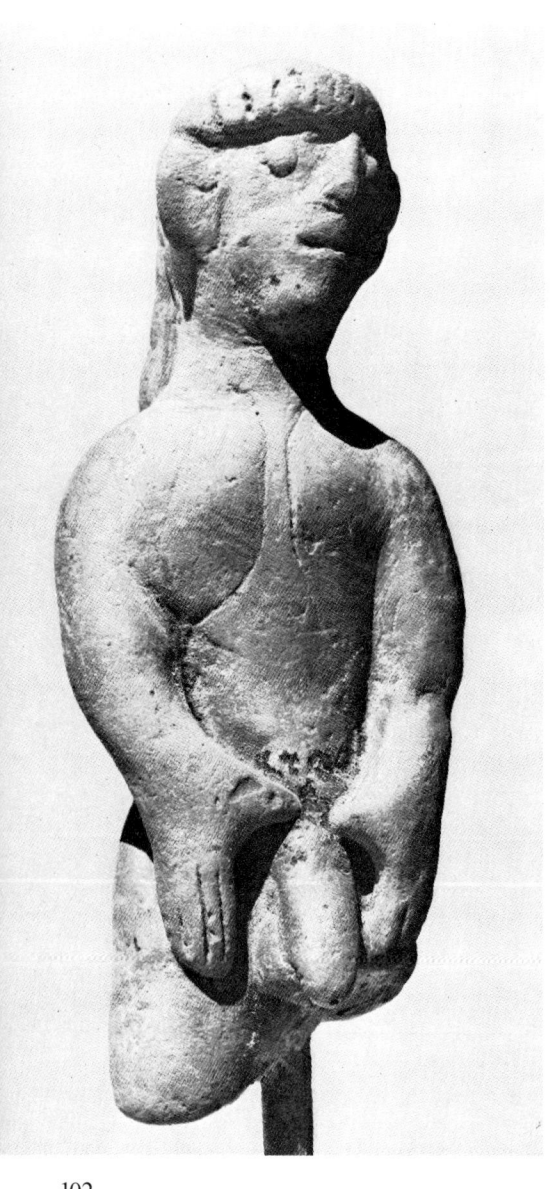

Männliche Terrakotta-Figur, im Museum von Herakleion.

folgte ein maskierter Zug, in dem, wie es scheint, die tierische Verkleidung einen bestimmten Platz einnahm; Späße in recht freier Tonart begleiteten das Schauspiel – vielleicht ist die Alte Komödie aus Belustigungen solcher Art hervorgegangen.

Aristophanes gibt uns in den Acharnern eine gute Vorstellung von der ausgelassenen Fröhlichkeit und der sehr natürlichen Atmosphäre dieser ländlichen Festlichkeit am Beginne der Prozession:

> Dikaiopolis hat einen persönlichen Entschluß gefaßt, der es ihm erlaubt, aus dem Felde heimgekommen, nunmehr zu den Freuden des bürgerlichen Lebens zurückzukehren. Mit seiner Tochter als Korbträgerin (Kanephore) und seinem Sklaven Xanthias als Phallosträger schickt er sich an, auf seine Weise die Dionysien zu feiern, infolge des Krieges hatte er sie allzu lange versäumen müssen. Er veranstaltet einen kleinen Festzug, dann stimmte er einen Gesang an, in dem der Phallos unter dem Namen Phales als eine Person erscheint.

> »Schweigt in Andacht! Schweigt in Andacht! Ein wenig weiter, Korbträgerin, tritt vor. Du Xanthias, den Phallos richte gerade empor! Setz dein Körbchen nieder, meine Tochter, damit wir opfern zuvor...
> Laß, Dionysos, mein Herr, du wohlgefällig mich wallen diese Prozession, laß mich opfern mit meinem Hausgenossen, das ländliche Weinfest froh mich feiern - aller Qual des Krieges los und ledig, und gesegne mir den dreißigjährigen Frieden gnädig für und für. - Nimm das Körbchen, meine Tochter, trags, du Schöne, schön und mit Würde... Selig wohl der Mann, der einst dich beschläft und der macht, daß du am Morgen duftest wie ein Wieselchen. So geh und nimm dich auch im Gedränge recht in acht, daß keiner dir die goldenen Sächelchen heimlich maust... Du, Xanthias, hältst gerad' aufgerichtet den Phallos jetzt und folgst der Korbträgerin auf dem Fuß nach. Ich hinter euch singe froh dann mein Phalloslied. Du aber, Frauchen, schau vom Dach des Hauses dem Zuge zu. Vorwärts!

> O Phales, Bakchos' Spielgeselle,
> Luftschwärmer, Nachtschwärmer du
> Du Weiber- und Knabenjäger,
> im sechsten Jahr nun grüß ich dich,
> in Freuden heim aufs Land gekehrt,
> in Frieden, den ich mir selbst beschert,

Liebesraserei, Schale, im Museum von Tarent.

von Schlachten frei und Ungemach,
von Händelmachern und Lamachern.
Um vieles süßer ist es ja doch, o Phales, Phales,
Strymodoros' schmucke Trakermagd, in Phelleusbusch,
wenn sie Holz da sucht, zu finden sie, zu fassen sie,
den Arm um den Leib, zu heben sie
sie hinwerfen und sie entjungfern
Phales, komm, o Phales!

Und wenn du mit uns zechen willst, so sollst du früh, nach verschlafenem Rausch, von dem Wein des Friedens ein Schlürfchen tun: der Schild wird inzwischen in den Rauchfang gehängt.«

(Frei nach Droysen.)

In Kriegszeiten genügte es wohl, wie bei dem Helden des Aristophanes, wenn ein einziger Mann bei der Zeremonie den Phallos trug. In normaleren Zeiten jedoch waren bei den Phallophorien einer ganzen Ortschaft viele hierzu erforderlich. Eine schwarzfigurige Vase in Florenz zeigt das Symbol von kolossaler Größe, wie es an einer Art Schlitten befestigt ist, den eine Gruppe von ithyphallischen Personen auf den Schultern trägt. Andere Figuren, ein grotesker Dickbauch, ein Silen, auf dem ein Dämon mit Füllhorn reitet – sind auf den Phallos geklettert; sie stellen gewiß maskiertes Begleitpersonal dar. Der Phallos selbst ist noch sehr schlicht – ein dicker, ausgeästeter Holzstamm, sein Ende ist wie die Eichel eines männlichen Gliedes zugeschnitten und trägt an der Seite ein gewaltiges Auge aufgemalt; Bänder hängen von diesem dicken Fetisch herab, vielleicht sind es auch Stricke, mit denen man ihn bewegen konnte. In Athen fand auch in der Zeit der großen Dionysien eine bedeutende Phallophorie statt – wahrscheinlich war dann das Idol noch reicher ausgestattet und geschmückt. Inschriften unterrichten uns übrigens auch unterwarteterweise darüber, daß man bei den Dionysien von Delos (vielleicht auch bei den großen Dionysien von Athen) alljährlich im Monat Galaxion den Phallos über die heilige Insel des Apollon trug. Wir besitzen Rechnungen, die sich auf die Vorbereitung des Festes und auf die Herstellung des ›Agalma‹ beziehen; dieses war in zwei aufeinander folgenden Jahren niemals das gleiche. Wir können uns danach gut eine Vorstellung von der wachsenden Ausstattung dieses eigenartigen heiligen Symbols zwischen dem 4. und dem 2. Jahrhundert bilden. Der wesentliche Bestandteil bleibt immer ein großes Stück Holz, ein bearbeiteter und bemalter Balken. Dazu kommen noch Querstangen, Metalldübel, ferner Wachs, Werg – und am Ende ist das Schaustück ein monströser, beweglicher Vogel, ein Phallos mit Krallen und Flügeln. Der schwere Wagen wurde nicht nur über die Straßen gezogen, sondern konnte auch, entsprechend beladen, auf dem Wasser fahren: er überschritt einen Fluß der Insel oder fuhr diesen hinab, und vielleicht ließ man ihn am Ende der Wallfahrt frei ins Meer hinausschwimmen.

Um sich von dem ungewöhnlichen Charakter der dionysischen Feste im alten Griechenland, von dem Anteil, den der Phalloskult dabei hatte, zu überzeugen, genügt es schließlich, die ausführliche Beschreibung zu lesen, die Athenaeus von der bemerkenswerten Prozession gibt, die sich unter Ptolemaios II. Philadelphos in Alexandrien abspielte. Sie war wunderbar und mit einem ganz unglaublichen Aufwand inszeniert worden. Hunderte von Personen zogen mehr als zehn gewaltige heilige Fahrzeuge an einem außergewöhnlichen Pavillon von unerhörtem Luxus, der auf Befehl des Königs für diesen Zweck errichtet worden war, vorüber. Ein ganzes Heer von Silenen, Satyrn, Ithyphallischen und von Mänaden begleitete die Standbilder des Gottes und die lebenden Bilder, die zu seiner Verherrlichung zusammengestellt waren; diese priesen die Gaben, die der Gott den Menschen bringt, und sie feierten seine Macht. Neben den zahllosen Darstellungen des Thiasos, neben den mythologischen Bildern, bei denen die verschwenderische Goldschmiedekunst und die Üppigkeit des pflanzlichen Dekors höchstes Entzücken hervorriefen, nach dem Triumpfzug des Bacchus nach Indien, in dem die fremden Tiere und Menschenrassen nicht fehlten – beschreibt der Erzähler »auf einem anderen Wagen einen goldenen Thyrsos von 90 Ellen Länge und eine silberne Lanze von 60 Ellen« und noch auf einem anderen Wagen »einen Phallos aus Gold, 120 Ellen lang, ganz bedeckt mit eingravierten Zeichnungen, umrankt von goldenen Bändern, an seiner Spitze ein goldener Stern von 6 Ellen Umfang«.

Solche Wunderwerke gab es selten, aber in den dionysischen Kapellen konnte man fast überall Phallen aus Metall, aus Holz oder Stein in beträchtlicher Größe sehen. In Delos hat das im frühen Hellenismus geweihte choregische Monument des Kary-

Unterhaltung zwischen Pan und Nymphe, Spiegel, Berlin (7.8148)

*Oben und unten:
Erotische Gruppen, Skyphos, im Louvre.*

*Rechts:
Der Phallos-Vogel, Kyathos, in Berlin (2095).*

*Satyr auf dem Schlauch,
attische Schale
des Epeleios-Malers,
in München
(2619 A).*

stios, des Sohnes des Asbelos, den Jahrhunderten getrotzt. Der hohe quadratische Sockel zeigt noch heute an der Vorderseite das Bild eines merkwürdigen, auf seinen Sporen aufgerichteten Vogels, dessen Hals und Kopf erweist, daß es sich um den Phallos-Vogel der delischen Dionysien handelt; auf den Nebenseiten Darstellungen eines zweifachen Zuges, der in seinem Gefolge daherkommt. Man erkennt Gestalten des göttlichen Thiasos, an die Stelle von Priestern gesetzt, Kanephoren, Prozessionsteilnehmer und Gläubige, wie sie in der Wirklichkeit den Prozessionswagen begleiteten. Und oben auf dem Sockel erhebt sich, mit seiner Basis in den obersten Steinlagen in eine hohle Mulde eingelassen, ein Marmorphallos, dessen ursprüngliche Höhe ohne Zweifel mehr als 1,50 m betrug. Das Glied selber ist heute abgebrochen, aber man sieht noch deutlich, wie es in natürlicher Weise behandelt war und wie die Hoden mit Flaumfedern umgeben sind.

Es sind in Delos noch weitere monumentale Weihgeschenke dieser Art nachzuweisen, nicht nur in den Anlagen für den Dionysoskult (es gab einige, deren Lage möglicherweise den Verlauf der jährlichen Wallfahrten markierte), sondern auch auf der sogenannten Terrasse der fremden Götter; hier haben sie Anhänger der Syrischen Göttin gestiftet. Nicht weniger erstaunlich sind Reliefplatten mit grotesken und obszönen Figuren: ineinander gewunden ein Dämon mit vielen Phallen, der an verlorene griechische oder römische Komödien mit dem vielsagenden Titel Triphales oder Triphalus (= der Mann mit den drei Phallen) denken läßt. Oder der Phallos, mit Pfoten versehen, mit Flügeln und manchmal auch mit einer Zunge, also verwandelt in ein fremdartiges Tier, das sein eigenes Leben lebt, und dieses ausdrücklich geschlechtlich verstanden.

Alle diese Darstellungen sind ohne Zweifel nicht kultische Reliefs und nicht eigentlich dionysische Bilder, aber es sind auch nicht Bilder einer willkürlichen Phantasie: man legte diesen neben den Türen oder an den Ecken des Hauses in die Mauer eingelassenen Bildtafeln eine schützende Kraft gegen den bösen Blick, der Lebewesen und Dinge bedroht, bei. Man verlieh ihnen auch einen Einfluß auf Gesundheit, Glück und Gedeihen.

*Nackte Frau mit Phallos,
Rückseite
der Vase, auf Seite 117.*

*Nackte Frau
trägt einen Riesenphallos,
Krater des Pan-Malers,
in Berlin (3206).*

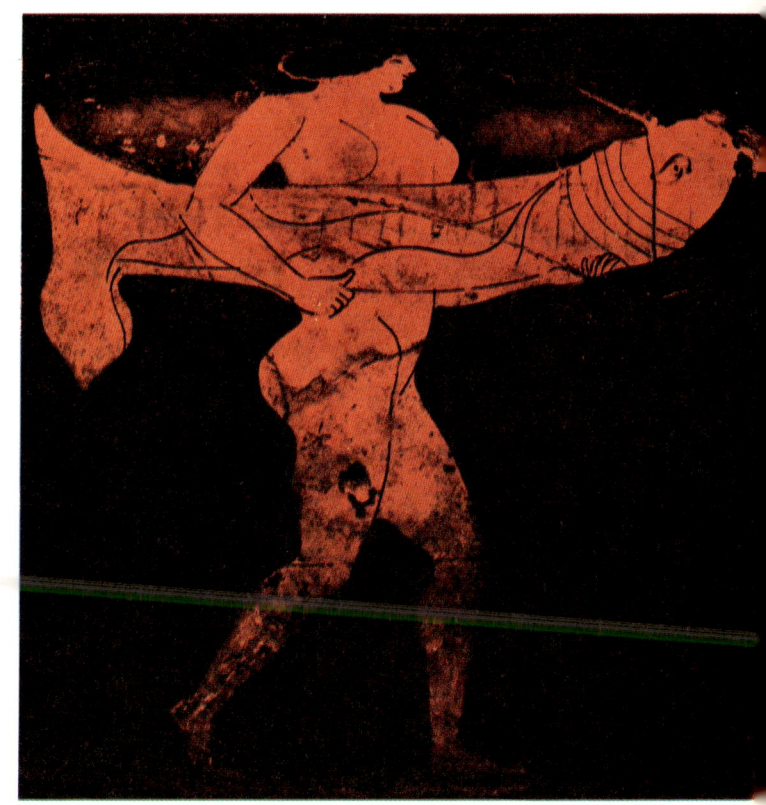

Religiöser Glaube und volkstümlicher Aberglaube, beide beschäftigen – das kann man sich gut vorstellen – die gleichen Kunsthandwerker. Die gleichen Bildhauer mußten abwechselnd die großen Phallos-Weihgeschenke herstellen wie ebenso die persönlichen Weihungen, bei denen der Gegenstand auf ein Normalmaß zurückgeführt war. Sie mußten aber auch die Phallen, die für die öffentlichen Hermen bestimmt waren, herstellen, wie die für die Amulette bestimmten, die man bei sich trug, und endlich auch die kultischen Reliefs. Die gleichen Koroplasten mußten billige Statuetten des Phallosgottes feilhalten – ein bärtiges Gesicht unter der Eichel, die ihm als Petasos (Hut) diente, und ebenso die erotischen Gruppen. Man kaufte bei ihm die Lampen mit obszönen Bildern, welche die Intimität des Bettes anregten und beschützten, ebenso die Baubo-Figuren, die man dem Toten mit ins Grab legte, wohl zum Gedächtnis an den eleusinischen Mythos und die entsprechenden Tröstungen, die er erschloß. Baubo war nach der Sage die Frau jenes Dysaules, der die untröstliche Demeter in Eleusis empfing, als sie auf der Suche nach ihrer von Hades geraubten Tochter umherirrte; als die Göttin ankam, war sie so erschöpft, daß sie nicht einmals etwas essen konnte. Aber sie fand ein Lächeln wieder, so erzählte man, als sie sah, wie Baubo ihren Rock vorn und hinten aufhob. Von hier sind die monströsen Figuren abzuleiten, die nur aus einem Bauch bestehen, der einen von Beinen getragenen Kopf hat, vervollständigt durch Arme (die Pubes wird dabei zum Kinn mit Grübchen); Grabungen in Nekropolen haben solche Figuren ans Licht gebracht.

Die gleichen Gold- und Bronzewerkstätten stellten einerseits kultische Gefäße und Grabhydrien her, deren Verzierungen die mystische Entrückung der Seele durch die Gottheit darstellte, wie andererseits auch das Luxus-Geschirr für sehr menschliche Gelage. Die gleichen Töpfer drehten die gleichen Formen als Weihung für die Gottheit, der sie dargebracht werden, oder zur Freude der Liebhaber, die sie in Händen halten sollten. Es gab in den Schatzkammern der Heiligtümer Gefäße, die die Rundung weiblicher Brüste nachahmten; sie gleichen denjenigen, die die Kenner bei den Gelagen liebkosten, wenn sie nicht lieber in der hohlen Hand das Geschlecht eines Knaben fühlen oder ihre Lippen einem Trinkgefäße in Gestalt eines Phallos nähern wollten. Dieselben Künstler stellten, oft auf dem gleichen Gefäß, abwechselnd Figuren des Thiasos und die wilden dionysischen Orgien dar oder die Reize einer nicht spröden Flötenspielerin und die Ausbrüche einer sehr unmittelbaren Sinnlichkeit. Wer weiß, ob der fromme Gerber, der in jedem Jahr die Polsterung des Phallosvogels mit Leder überzog, nicht auch die Frauen, die ohne Geliebten sind, insgeheim mit dem Gegenstande ihrer Illusion belieferte?

Immer wird der Doppelsinn griechischer Denkmäler, die sich auf Sexuelles beziehen, die Deutung erschweren. Diese kleinen Phalloi, die eine nackte Frau trägt oder die sie handhabt - sind sie nun Symbol oder derbe Trivialität? Bedeutet es rituelle Verkleidung oder perverse Phantasie – das Bild jener Männer mit dem Schirm und in Frauenkleidern? Unfromme Verspottung der Heiligen Hochzeit – die zwei Vierbeiner, die sich lieben, dargestellt auf den Bildern von Choenkännchen, die bei den Anthesterien gebraucht wurden? Oder ist es nur als einfache Anspielung auf die Leidenschaft des Esels zu verstehen, der das bevorzugte Reittier der Genossen des Dionysos ist? Müßten wir nicht größte Bedenken haben, wenn die schlimmsten Obszönitäten im Theater gesagt werden unter dem Deckmantel der Tradition des Satyrspiels? Wenn das Beispiel des Thiasos zu allen Zügellosigkeiten berechtigt? Wenn die Götter und die mythischen Helden allen Trieben ihrer Leidenschaft fröhnen? Wenn die Religion und selbst die Philosophie – wir werden es noch sehen – die Rechtfertigung für jede Form der Liebe liefert? Und schließlich wenn sogar die Prostitution gelegentlich zu einer Art Gottesdienst wird?

Man kann für die Tätigkeit dieser ›geweihten Kurtisanen‹ durchaus den Ausdruck Gottesdienst anwenden, für die Hierodulen, die als Sklavin einer Gottheit nur dieser gehörten und, weil sie mit einem Tempel verbunden waren, nicht wieder verkauft werden konnten. Ihre Stellung hat nichts gemein mit der von gewöhnlichen Sklavinnen, und wenn sie sich bezahlen ließen – manchmal recht teuer – so trugen sie gleichzeitig zur Bereicherung des Heiligtums bei. Griechenland hat geweihte Kurtisanen besessen in Nachahmung des Orients. Der Brauch

Seite 117:
Phallen im Nest, attische Amphora des Fliegende-Engel-Malers, in Paris, Petit Palais (307).

Frau mit Baubonen,
attische Schale des Nikosthenes-Malers,
im British Museum (E 815).

kommt in der Tat von dorther. Man kennt die Zahl und Bedeutung der Kultdiener in den großen Heiligtümern von Phönizien, Syrien und Kleinasien – sie geht oft in die Tausende. Die männlichen Tempeldiener waren im allgemeinen Eunuchen wie die Galloi der Kybele, ihnen waren niedere Funktionen übertragen, die eine kleine Hierarchie bestimmte. Neben diesen wachten die Frauen über die Sauberkeit des Tempels; sie waren aber auch Musikantinnen, Tänzerinnen und vor allem Kurtisanen; der Lohn für ihre Gunst vergrößerte die Einnahmen des Tempels. Strabon berichtet, daß in Komana im Pontus die Mehrzahl der Frauen, die mit ihrem Leibe arbeiteten – und deren gab es eine Menge – dem Heiligtum der Anaïtis gehörte. In Hierapolis (Bambyke) war das Kultpersonal der Dea Syria gleichfalls äußerst zahlreich. Man kann sagen, daß alle weiblichen Gottheiten des Vorderen Orients, die die Griechen mit ihrer Aphrodite gleichgesetzt haben, Legionen von Prostituierten besaßen.

»Geweihte Prostituierte« – um die Formulierung eines zeitgenössischen Historikers aufzunehmen – »standen für die Durchführung der rituellen Huldigung an die Göttin zur Verfügung«. Es ist gewiß richtig, daß die Prostitution sich in bestimmten orientalischen Kulten zu einem Akt der Frömmigkeit verwandelte und daß die religiöse Pflicht für die Frauen geschaffen war, damit diese sich einmal im Leben prostituieren konnten; das war nach dem Zeugnis des Herodot in Babylon der Fall: die Frauen begaben sich in das Heiligtum der Mylitta und erwarteten dort, daß ein Fremder komme und sie, indem er ihnen ein Geldstück zuwarf, einlade, sich ihm im Namen der Göttin hinzugeben. Sie besaßen kein Recht, sich zu versagen und konnten erst dann wieder in ihr Heim zurückkehren, wenn sie ihre Pflicht erfüllt hatten. Die Hübschesten zogen bald die Aufmerksamkeit auf sich, die Häßlichen aber blieben manchmal, weil sie keine Liebhaber fanden, drei oder vier Jahre, ohne der Vorschrift genügen zu können. In Byblos, in Phönizien, mußten die Frauen bei den Totenfeiern zu Ehren des Adonis sich das Haupt scheren und sich an einem bestimmten Tage den Fremden hingeben und mit dem Lohn ihrer Hingabe ein Opfer an Aphrodite darbringen. In Zypern gab es im Kult der Aphrodite-Astarte vergleichbare Gepflogenheiten. In den heiligen Städten Paphos und Amathus blühte die religiöse Prostitution. In Paphos stiftete der Liebhaber eine Ziege, anderswo bekam er im Austausch für die Ziege einen Phallos. Außer dem Orient und Zypern war Sizilien durch geweihte Prostitution im Heiligtum auf dem Berge Eryx berühmt. Griechenland hatte Korinth.

Korinth beherrschte am Isthmos, der die Peloponnes mit dem Festland verbindet, den Handel zwischen den beiden Häfen Lechaion am korinthischen und Kenchreai im saronischen Golf. So wurde die Stadt, die so viele Reisende berührten, Griechen und Fremde, aus dem Lande kommend oder übers Meer, die große Heimstätte der Prostitution – wie hätte es anders sein können. Neben den einfachen öffentlichen Mädchen gab es die Hierodulen: das Heiligtum der Aphrodite auf der Höhe von Akrokorinth »war so reich«, so sagt es Strabon, »daß es mehr als tausend geweihte Prostituierte erwarb, von denen viele von Privatleuten, Männern und Frauen, der Gottheit geschenkt worden waren. Daher zog die Stadt eine Unmenge von Besuchern an und wurde dadurch reich, besonders die Matrosen richteten hier sich leicht zugrunde«. Sie richteten sich zugrunde, weil die Tarife der angesehenen Kurtisanen besonders hoch waren; daher kommt auch das berühmte Sprichwort, das aus dem Griechischen ins Lateinische übersetzt so lautet: »non licet omnibus adire Corinthum«.

Strabo lebte in der römischen Kaiserzeit; aber das besondere Personal, von dem er spricht, hatte wenn man es so ausdrücken darf, einen sehr alten Adelsbrief, wie man es aus zwei Zeugnissen entnehmen kann, von denen das erste die Aussagen des Geographen erhärtet, was den Ursprung einiger dieser Hierodulen betrifft.

Unter den Oden des Pindar feiert eine den Xenophon von Korinth, den Sieger bei den Olympischen Spielen des Jahres 464 vor Christus im Stadionlauf und im Fünfkampf (Pentathlon.) Dieser Xenophon nun hatte gelobt, er wolle der Aphrodite, wenn er in der Altis bekränzt werde, eine Schar geweihter Kurtisanen schenken. Heimgekehrt, hielt er sein frommes Versprechen, und für das Opfer, das die Spende begleitete, ließ er von Pindar noch einen kurzen Vers, ein Skolion, hinzudichten. Sein Text ist erhalten, er enthält genau die Sache, die uns beschäftigt:

Ithyphallischer Satyr, Amphora, in Berlin (F 1671).

*Groteske,
Vase, in Berlin,
Inv. 3364.*

»Ihr viel besuchten jungen Mädchen, Dienerinnen der Peitho, im reichen Korinth, die ihr dampfen laßt die blonden Tränen des bleichen Weihrauchs, während, wie oft, eure Gedanken hinfliegen zur himmlischen Mutter der Liebe, zu Aphrodite, himmelwärts... Diese Göttin erlaubt euch, Kinder, ohne Tadel auf eurem Liebeslager die Früchte eurer zarten Jugend zu pflücken. Wenn die Notwendigkeit es will, ist alles gut... Aber ich frage mich: was werden die Herren des Isthmos sagen, wenn sie sehen, was für Anfangsverse ich finde für ein Skolion, süß wie Honig, und es widme öffentlichen Frauen... O Herrin von Krypos, Xenophon hat eine Schar von jungen Frauen in den Hain geführt, hundert Leiber zu deinem Dienste geweiht, erfreut über das erfüllte Gelübde.«

In dem zweiten Zeugnis erinnert Athenaeus an den alten Brauch in Korinth, bei allen schwerwiegenden Angelegenheiten die Kurtisanen zu beauftragen, Aphrodite für das Heil der Stadt anzuflehen. Er erzählt, daß ihre Gebete vor allem damals erhört wurden, als das Heer des Perserkönigs Xerxes Griechenland bedrohte. Ihre wirkungsvolle Vermittlung ist nach dem Siege über den Eindringling durch eine Tafel dem Gedächtnis aufbewahrt worden. Man stiftete sie dem Tempel der Aphrodite, auf ihr waren die Hierodulen dargestellt, wie sie zur Göttin beteten; das Epigramm stammte von Simonides:

»Diese Frauen stehen vor der göttlichen Kypris, zu der sie beteten für Griechenland und insbesondere für die tapferen Korinther. Deswegen hat es Aphrodite nicht zugelassen, daß diese Burg von Griechenland den persischen Bogenschützen überliefert werde.«

Die geweihten Kurtisanen von Korinth haben alle anderen Hierodulen von Griechenland in den Schatten gestellt; aber das bedeutet nicht, daß es nicht auch anderswo welche gab. Aphrodite war nicht nur die Urania. Als Pandemos und als Porne war sie die Schutzherrin der öffentlichen Mädchen, auf sie konnten sie sich berufen und sich Dienerinnen ihres Kultes nennen. Mehrere Tempel der Pandemos scheinen von Prostituierten gegründet worden zu sein. Nach der Wirkung, die Hypereides bei der Gerichtsverhandlung erzielte, als er das Kleid seiner Klientin herunterriß, wurde Phryne als ›Priesterin der Aphrodite‹ von den Heliasten freigesprochen. Ihr Leib diente übrigens dem Praxiteles als Modell für einige Standbilder der Göttin, und Phrynes Bildnis war nach Delphi geweiht worden. Die großen Kurtisanen besaßen, das sei noch angemerkt, eine großzügige Frömmigkeit. Die Nörgler mochten Anstoß nehmen an ihrem Betragen, aber der Klerus und die Verwalter der Schätze eines Heiligtums schuldeten ihnen einige Nachsicht.

Vor einer Herme, attische Schale des Triptolemos-Malers, Berlin (F 2298).

*Flötespielender Satyr,
attischer Teller des Epiktetos,
in der Bibliothèque Nationale
von Paris (509).*

Kapitel

IV

Nicht alle griechischen Prostituierten waren wirkliche Hierodulen, und nicht alle wurden große Kurtisanen, die die Diademe der Könige mit Füßen traten. Als Solon die ersten Absteigequartiere einrichtete, hatte er nur beabsichtigt, den Leidenschaften der jungen Athener ohne Gefahr für die soziale Ordnung ein bequemes Ventil zu verschaffen. Deswegen bewahrten die guten Bürger ihm auch eine dauernde Dankbarkeit, deren Widerhall man noch in den Zitaten des Athenaeus findet.

»Solon, du bist wirklich ein Wohltäter der Menschheit gewesen, denn unsere Stadt ist voll von jungen Leuten mit hitzigem Temperament, die sich strafbaren Ausschweifungen hingeben würden. Aber du hast Frauen gekauft und hast sie hingesetzt an Stellen, wo sie, ausgestattet mit allem, was sie brauchen, allen, die es wollen, gemein sind. Sie sind da in ihrer schlichten Natürlichkeit, so sagt man euch. Wundert euch über nichts! Seht alles! Könnt ihr euch nicht vielmehr beglückwünschen? Die Tür wird sich öffnen, wenn ihr wollt – es ist nur eine Obole dafür nötig. Also – geht und macht einen Sprung, tretet ein, man wird keinerlei Umstände machen, keinerlei Getue; man wird nicht davonlaufen. Und dies alles auf der Stelle, wenn ihr wollt und wie ihr es wünscht...

Tanzende Satyre, im Louvre.

Diese Stuten der Kypris, wohl geschaffen für die Reitkunst, zeigen sich aufgereiht eine neben der anderen, stehend unter ihren hauchdünnen Gewändern, die alle Reize ihrer Natur erkennen lassen, wie man es bei den Nymphen sieht, die der Eridanos in seinen reinen Wellen nährt. Dort kannst du dir für ein paar Pfennige einen Augenblick des Vergnügens kaufen, ohne irgendetwas dabei zu riskieren...

Es gibt da welche von schlanker, dicker, runder, hoher oder gebeugter Figur, junge, alte, mittelalte, reifere: man kann sie haben, ohne über eine heimliche Leiter klettern oder sich durch eine Öffnung im Dache schlängeln zu müssen.. Wenn ihr alt seid, werden sie euch Papa nennen, seid ihr jung: mein kleiner Bruder. Jedermann kann sie leicht haben, ohne Furcht, tagsüber oder des Nachts, und mit ihnen auf jede Weise einig werden.«

Es gab auch armselige Mädchen, die auf der Straße auf Kundenfang ausgingen, abends ihre Lampe anzündeten und die Vorübergehenden aufforderten, bei ihnen einzutreten. Sie waren einer Spezialtaxe unterworfen, dem pornikon telos, und arbeiteten wie am Fließband, solange sie hübsch waren; und dann beschlossen sie ihr Leben als beklagenswerte Greisinnen. Der Name oder vielmehr der Beiname Klepshydra, den Eubulos in der Komödie einer von ihnen beilegte, erinnert an das Tempo ihrer Tagesleistung in jungen Jahren: die jedem Klienten zugeteilte Zeit war abgemessen wie den Rednern die Redezeit; denn andere warteten schon, die auch zufriedengestellt sein wollten. Für das Alter hingegen wäre, um auch die ältesten Lastkähne noch zu ihrem Recht kommen zu lassen, ein Gesetz der Gleichberechtigung nötig gewesen, wie es sich Aristophanes in der Frauenversammlung vorstellt: »Hat ein Mann Lust nach einem jungen Mädchen, dann dürfte er sich mit ihm keinesfalls einlassen, bevor er nicht auch die Alte befriedigt; wenn er sich weigert und die Junge verlangt, dann sollten die alten Frauen den jungen Mann ungestraft umarmen und ihm um den Hals fallen dürfen«. Aber ein solches Gesetz wurde niemals beschlossen, und die ›Pestbeulen‹, die mit Bleiweiß beschmierten Vogelscheuchen waren zum Fürchten widerlich.

*Satyrn werfen Mänaden um,
Lekythos, in Berlin.*

Voller Hoffnung indessen konnten diejenigen Mädchen sein, die, wenn sie jung anfingen und von natürlicher Schönheit waren, sich durch die guten Ratschläge einer Mutter oder einer geschickten Kupplerin leiten ließen. Seine körperlichen Vorzüge immer ins rechte Licht rücken, kühlen Kopf behalten und es verstehen, sich an freigebige Liebhaber heranzumachen – das ist das
das große Geheimnis. Für körperliche Mängel haben die Matronen künstliche Mittel.

> »Ist eine Anfängerin klein, dann näht man ihr eine dicke Sohle in den Schuh... Hat sie nicht genug Hüften, dann setzt man ein Futter ein, so daß die, die sie sehen, sagen: welch ein hübscher Hintern! Hat sie einen dicken Bauch – mit Hilfe von Korsettstangen drückt man ihn zurück. Hat sie rote Augenbrauen, dann schwärzt man sie mit Ruß. Und umgekehrt: wenn sie an ihrem Leibe einige besondere Schönheitsmerkmale besitzt, dann enthüllt man diese Reize der Natur.«

Was die Moral betrifft, so handelt es sich darum, daß die Kleine sich nicht falsche Gedanken macht. Im VI. Hetärengespräch des Lukian gibt Krobyle, eine arme und würdige Witwe, ihrer Tochter Korinna eine Lektion: daß sie jetzt in dem Alter sei, in dem es ihr möglich sei, ihr einen gesicherten und gegen die Not geschützten Lebensabend zu verschaffen. Sie erklärt ihr, die Jungfräulichkeit zu verlieren, sei kein Drama, und die Liebe sei ein Beruf wie jeder andere auch, und ein Mädchen, das mit jedermann liebenswürdig zu sein verstehe, ohne den einen oder den anderen der hübschen jungen Männer ungeschickt zu bevorzugen, könne aus ihr große Gewinne erzielen.

> »Nun also, Korinna, du siehst jetzt, daß es nicht, wie du dir es vorgestellt hast, ein so großes Ungelück ist, aufzuhören, eine Jungfrau zu sein und mit einem liebenswerten jungen Manne zu leben, der gleich bei seinem ersten Besuche bei dir für deine Gunst dir eine Mine gegeben hat, für die ich dir sofort ein schönes Halsband kaufen will... Ich habe mir gedacht, daß du in dem Alter, in dem du jetzt bist, mich ernähren könntest, daß du dir leicht große Reichtümer verschaffen, schönen Schmuck und bunte Kleider haben könntest und auch Sklavinnen zu deiner Bedienung. Dazu ist nichts weiter

nötig, als mit jungen Leuten umzugehen, mit ihnen Feste zu feiern und mit ihnen gegen Geld zu schlafen... Das ganze Geheimnis ist: alle Männer mit Höflichkeit zu behandeln, ohne die zu enttäuschen, die dich besuchen oder dich holen lassen, aber auch ohne dich an jemanden fest zu binden. Es werden unter ihnen mehr oder weniger schöne sein, mehr oder weniger kräftige, andere wiederum werden keine angenehme Gestalt besitzen. Du wirst vor allem gerade mit diesen schlafen müssen, denn sie bezahlen am meisten. Die schönen Männer wollen nur für ihre Person bezahlen. Denke hauptsächlich daran, dich an freigebige Liebhaber heranzumachen, wenn du willst, daß man eines Tages auf dich zeigt und von dir sagt: Seht Korinna, wie reich sie ist und wie glücklich ihre Mutter ist.«

Ein freigebiger Liebhaber ist ein Geschenk der Aphrodite, aber er verdient auch, daß Korinna daran denke!

»Wie hat denn Lyra einen so großen Reichtum gewonnen? Erstens durch einen eleganten Schmuck, ferner durch die Anmut ihres Betragens und durch die angenehme Art, mit der sie mit jedermann umzugehen versteht. Man hört sie niemals wie dich bei jeder Gelegenheit schallend lachen, sondern sie lächelt anmutig und verführerisch. Wenn man sie zu einem Feste einlädt, nachdem man ihr einige Geschenke gemacht, betrinkt sie sich niemals, denn nichts ist so lächerlich, und die Männer können Frauen, die diesen Fehler machen, nicht ausstehen. Sie ißt auch nicht voller Gier, wie es die ungebildeten Leute tun, sondern sie berührt die Speisen nur leicht mit den Fingerspitzen, nimmt jeden Bissen schweigend und stopft sich nicht die Backen voll. Sie trinkt langsam, in kleinen Schlückchen, nicht in einem Zuge. Sie spricht nicht mehr als nötig. Sie verspottet auch nicht die Zecher und sieht auch keinen anderen an als den, der für sie bezahlt. Daher hat jedermann sie gerne. Wenn es Zeit ist, zu Bett zu gehen, dann verliert sie nicht sofort jede Scham, zeigt sich aber auch nicht kalt; ihre einzige Aufgabe sieht sie darin, ihren Liebhaber zu gewinnen und ihn verliebt zu machen. Das ist es, was alle Männer so sehr an ihr schätzen.«

Um einen ernsthaften Freund zu finden, genügt es nicht, sich Sandalen zu kaufen, deren Sohlen mit jedem Schritt in den Staub des Weges das ›Akolouthi‹ (Folge mir) eindrücken. Um ihn zu fesseln, genügt es nicht, ihm einen Liebestrank zu geben

*Satyrn werfen Mänaden um,
Lekythos, in Berlin.*

oder das magische Rädchen rollen zu lassen, den Rhombos oder die Iynx, und dabei Zaubersprüche herzusagen. Um über eine mögliche Rivalin zu triumphieren, genügt es nicht, Beschwörungen durchzuführen oder die Spuren ihrer Schritte auszulöschen durch eine Gegenspur. Ohne Zweifel kennen die Zauberer eigenartige Geheimnisse und wirkungsvolle Zaubermittel. Aber die besten Trümpfe einer Kurtisane sind eine gepflegte Kleidung, gute Manieren, ein reizendes Wesen, keinerlei übertriebene Eifersucht, eine verhältnismäßige Treue zu dem, der dich unterhält (man kann eine Hure sein und dennoch ohne zu erröten den Namen Mnesarete - ›die sich der Tugend erinnert‹ - tragen), ferner ein kluger Verstand (einer, den du hast, ist besser als zwei, die du haben wirst; aber durch vieles Ziehen an der Schnur zerreißt sie!), etwas Psychologie (eine wohl berechnete Koketterie kann die beste Wirkung hervorrufen) und schließlich Geist (ein Geistesblitz entwaffnet die Gegner und erlaubt, sich aus den unangenehmsten Situationen zu ziehen).

So sagte Agathon: »Wenn auch der Leib der Frau schwach ist und ohne Kraft, es ist ihr dennoch möglich, einen starken Geist zu entwickeln.« Dies war der Fall, wenn man der Überlieferung vertrauen darf, bei den galanten Damen, die die Favoritinnen der großen Heerführer, der großen Künstler, der großen Philosophen und Politiker oder der Könige waren; sie schmückten ihren eigenen Namen, indem sie ihn an einen berühmten banden: Timandra und Alkibiades, Phryne und Praxiteles, Leontion und Epikur, Aspasia und Perikles, Agathokleia und Ptolemaios IV. Es sind gewiß nicht die, die uns die Vasenbilder zeigen, aber die einfachen Hetären, Genossinnen und kleinen Freundinnen der fröhlichen Lebemänner der Jeunesse dorée von Athen, waren auch nicht ohne jeden Verstand - so möchte man meinen - und nicht nur von körperlicher Anmut für diejenigen, deren Gastmähler die Möglichkeit boten, unter tausend Narrheiten auch ernsthafte Fragen zu diskutieren. Sie hatten auch ihre eigenen Symposien, ihr Geplapper, ihre Vertraulichkeiten - wer weiß -, auch ihre kleine persönliche Philosophie, meist auch ohne Einweihung in die Eleusinischen Mysterien und auch, ohne die Lehren der Sophisten zu befolgen.

Gewiß, man stellt sie sich oberflächlich vor, schwärmerisch, alle von einem Märchenprinzen träumend, dessen Namen sie aussprechen, wenn sie die letzten Tropfen aus ihrer Schale, die sie mit einem Finger am Henkel halten, gegen den Kottabos schleudern: wenn das Ziel getroffen ist, wenn die kleine Scheibe, die schwankend auf einer langen Stange liegt, umkippt, herabfällt und klingt - das ist ein gutes Zeichen: vielleicht werden sie bald Gelegenheit haben, den Apfel dem Liebhaber ihres Herzens zuzuwerfen, und sie werden sich Neiderinnen schaffen. Ständig in Erwartung, werden sie sich abfinden mit dem Leben eines Call-Girls, von ihren Talenten als Tänzerinnen profitierend, als Musikantinnen und Schauspielerinnen, voller Verständnis für das Verlangen der Männer, geduldig bei den Faseleien der Zecher, voll Mitgefühl für die Schwächen der Natur; denn sie haben schon in der Jugend gelernt, wie die Zusammenkünfte, die sie beleben sollen, enden. Man muß es verstehen, den Schlägereien von Betrunkenen aus dem Wege zu gehen, damit sie am Morgen nicht grün und blau nach Hause kommen, das Kleid zerrissen und die Musikinstrumente zerbrochen wie Parthenis aus dem XV. Hetärengespräch des Lukian. Übrigens - wer will, möge die Flötenspielerin verdammen, die »kaum heiratsfähig, die stärksten Männer schwächt, wodurch sie sich selber gut bezahlt macht« - es sind gute Mädchen, und ihre Partner sind gar nicht so schrecklich. Diesen gefällt es, sich, wenn sie die Mädchen in die Arme drücken, für Peleus zu halten, der die Thetis überwältigt, oder für Theseus, der Koronis entführt; warum sollten sie sich nicht ihrerseits den Bacchantinnen des Thiasos gleichsetzen?

Sauberkeit - Höflichkeit - Vergnügen: den Leib rein und biegsam unter ihrem feinen, schön gewaschenen Kleid (mehr als ein Vasenbild stellt sie beim Waschen oder im Bade dar), so machen sie ihren Auftritt. Sie tanzen, begleiten ihre Lieder selbst, sie feuern die Leidenschaften der Zecher an, die sich berauschen, um dem Zutrunk des Symposiarchen Bescheid zu tun. Sie trinken auch, aber weniger, denn sie sind es, die die Stirn des Kranken halten und die die schwankenden Schritte des Zechers zum Ausgang geleiten. Und wenn ihre Zärtlichkeiten bestimmtere Wünsche entzünden, dann haben sie Erfahrung genug, sie zu

Rechts: Orgiastische Szenen, attische Schale in der Art des Skythes, im Louvre (913).

Der Pfahl, erotische Szene mit vier Personen, Hydria, im National-Museum von Athen.

137

Satyr überrascht eine Frau bei der Arbeit, Pelike, in Berlin (Inv. 3228).

befriedigen. Im 4. Jahrhundert sah ein Gesetz einen Maximaltarif für einen Abend mit einer Flötenspielerin vor, und die Polizei mußte am Anfang kommen und diejenige zuteilen, um die sich gleichzeitig mehrere Klienten bewarben. Die freien Angebote sind der natürliche Lohn für das Talent. Das Eingehen auf gleichzeitige Angebote ist eine Sache der Gesundheit und des Temperaments, und gewisse Vasenbilder zeigen deutlich, daß es dabei verschiedene Arten der Verständigung gab. Schließlich – wenn man ältere Herren und solche von gewichtiger Erscheinung mit Hetären weggehen sieht, so unterliegt es keinem Zweifel, daß sie in ihrer Gesellschaft mehr Annehmlichkeiten fanden als zu Hause.

> Wie es Amphis, ein Dichter der Mittleren Komödie, bemerkt: »Eine Hetäre muß sich immer liebenswürdiger zeigen als eine Ehefrau, und es gibt gute Gründe hierfür. So wenig angenehm auch immer ein Eheweib sein mag – das Gesetz verpflichtet dich, sie zu behalten. Die Kurtisane hingegen weiß, daß man einen Liebhaber nur fesselt durch eifrige Bemühungen, sonst wird sie sich einen anderen suchen müssen.«

Übrigens – wie groß auch immer die Verführungskünste der Hetären von Athen waren –, es lag nur an den legitimen Ehefrauen, mit ihnen in der Koketterie, in der Anmut des Benehmens und in der Liebesgeschicklichkeit zu wetteifern, kurz, deren eigene Waffen zu gebrauchen. Sicherlich billigten nicht alle die Einteilung, die ein berühmter Satz der Neaira so zusammenfaßt: »Kurtisanen für das Vergnügen, Konkubinen für den täglichen Bedarf, Ehefrauen, um legitime Kinder zu gebären und die treuen Hüterinnen des Hauses zu sein.« Ihre soziale Funktion und ihre moralische Bedeutung waren keineswegs unvereinbar mit sinnlicher Leidenschaft. Aristophanes wirft auf diesen Punkt des Privatlebens ein schonunsloses Licht, in dem man trotz Vergröberung der Komödie die Hintergründe der Wirklichkeit nicht übersehen kann. Seine Lysistrata ist in Wahrheit die Ehefrau eines der bedeutendsten Bürger von Athen, und die Frauen, die sie aufgeboten hat, um sie davon zu überzeugen, daß es nötig ist, Griechenland zu retten, indem sie ihre Männer zwin-

*Verliebte Spiele,
Schale, im Louvre.*

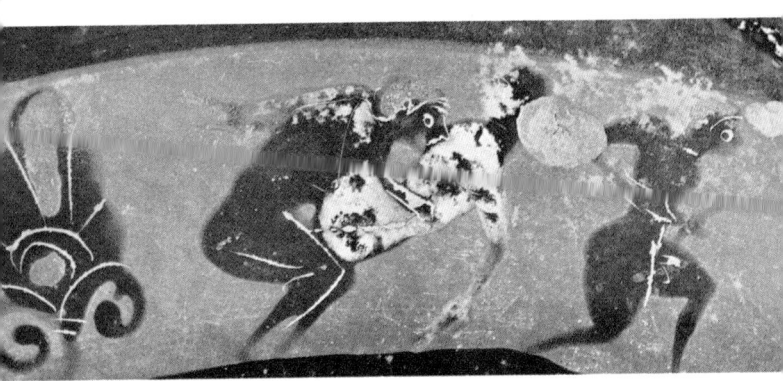

*Tasse mit Ausguß
in Form eines Phallos,
in der Bibliothèque Nationale
von Paris.*

gen, den Krieg aufzugeben – sind legitime Ehefrauen und Familienmütter. Jedoch – worauf verläßt sie sich dabei? Auf die »safranfarbenen Kleider, auf die Parfüms, auf das feine Schuhwerk, auf die Kräuter für die Schminke und auf die kleinen durchsichtigen Hemden«. Sie weiß sehr gut, an welchem Zipfel man den Ehemann packt:

> »Wenn wir uns zunächst schminkten, dann vorrückten, nur mit dem kleinen Chiton von Amorgos bekleidet, das Delta schön enthaart, und wenn wir uns dann unseren Männern entzögen, statt uns hinzugeben, und wenn sie dann aufgeregt sind und brennen vor Verlangen, dann werden sie schnell den Waffenstillstand schließen, ich weiß es wohl...
>
> Wenn sie Gewalt anwenden, werden wir uns fügen müssen, aber höchst ungern. Denn an solchen Dingen haben wir keine Freude, wenn sie mit Gewalt zustandekommen. Man muß sie vielmehr peinigen. Fürchte dich nicht, sie werden schnell davon genug haben. Denn niemals wird ein Mann sein Vergnügen finden, wenn er sich mit seiner Frau nicht versteht. Daher: höher die Beine in die Luft und Ende mit dem Spiel, die Löwin auf der Käsereibe«.

Wozu dieser Bettstreik? Weil auch die verheirateten Frauen und die ehrenhaften Mädchen von Fleisch sind und unbefriedigt wegen der Abwesenheit der Männer.

> »Während wir unsere Jugend genießen und aus ihr Vorteile haben sollten, liegen wir einsam im Bett wegen dieses Unternehmens. Für uns mag es noch angehen, aber wenn ich an die jungen Mädchen denke, die alt werden in ihren Kammern, dann bin ich von Gram ganz verzehrt... Für die Männer ist das eine andere Sache. Kehrt der Mann heim und ist er auch grau – flugs heiratet er ein junges Mädchen. Die Frau aber hat eine Blütezeit von nur kurzer Dauer. Wenn sie diese vorüberläßt, dann will sie niemand mehr ehelichen; sie kann sich nur noch hinhocken und auf die Vogelzeichen achten.«

Die Taktik der Lysistrata ist kühn. Einige Frauen neigen, von ihrem Leib gequält, dazu, sich mit den Männern wieder zu vereinigen – trotz des Eides, den sie geschworen haben, sich ihnen zu versagen, bis daß der Frieden unterzeichnet ist. Aber die Festig-

*Dionysos und Ariadne
und Aphrodite und Eros,
Spiegel, im National-Museum
von Athen.*

keit der Heldin und die Treue ihrer Freundin Myrrhine, die vor ihrem Ehemann eine Entkleidungsszene ohne Abschluß vollführt, entscheiden schließlich den Sieg zugunsten des schönen Geschlechts, die von der Sehnsucht erschöpften Männer unterzeichnen den Friedensvertrag: die ›Orgien der Aphrodite‹ können wieder beginnen.

Diese Komödie des Aristophanes interessiert uns nicht nur, weil sie uns daran erinnert, daß die griechischen Matronen nicht aus Holz waren, daß sie sich schminkten, daß sie sich die Haare auszupften und sich parfümierten, daß sie zierlichen Schmuck liebten und das Spiel der Wollust nicht gering achteten; die Komödie läßt auch noch etwas anderes wenigstens erraten: die Männer waren, der Sitte gemäß, oft unter sich, führten Kriege, trieben Politik oder feierten Feste. Die Frauen hingegen waren allein. Was sollten sie tun, wenn sie nicht die Langmut einer Penelope besaßen oder sich nicht in Verruf bringen wollten, indem sie sich einen Liebhaber nahmen? So mag es entschuldbar erscheinen, wenn sie insgeheim jene Instrumente der Illusion gebrauchten, die man Olisbos oder Baubon nannte und deren Erfindung man den Milesiern zuschrieb.

»Seitdem die Milesier es uns hatten erkennen lassen, habe ich einen künstlichen Phallos aus Leder als Hilfe für uns nicht nur gesehen«, sagte Lysistrata.

Rechte Seite:
Herme, Skyphos
des Triptolemos-Malers,
in Berlin (F 2594).

147

*Aphrodite und Pan
spielen Würfel, Spiegel, im
British Museum (289).*

*Liebeständelei,
Spiegel, im
British Museum (288).*

Ebenso hat man längst bemerkt, daß die intimen ›Freundinnen‹ im 6. Mimus der Herondas verheiratet und ehrenwerte Hausfrauen sind. Immerhin - bei ihren geflüsterten Vertraulichkeiten geht es um die Möglichkeit, sich diskret einen solchen Gegenstand zu verschaffen:

››Ich flehe dich an, enttäusche mich nicht, meine liebe Korytto, sage mir, wer hat dir diesen scharlachfarbenen Baubon gemacht?
Wo hast du ihn denn gesehen, Metro?
Nosis, das Mädchen von Erinna, hatte ihn neulich. Wirklich - ein schönes Geschenk... Ich bitt' dich herzlich, kleine Korytto, sag mir
- wer hat ihn gemacht?
Das ist ein gewisser Kerdon. Er macht es in Heimarbeit und verkauft sie heimlich, denn vor den Steuerbeamten zittern heute alle Türen. Aber seine Arbeit - was für eine Arbeit! Du würdest glauben, die Hand der Athena selbst darin zu erkennen. Mir traten die Augen aus dem Kopfe vor Wonne, als ich sie sah. Es waren nämlich zwei - als er kam. Die Männer - wir sind ja unter uns - erreichen niemals diese Steifheit. Und er verfügt nicht nur über diese, sondern die Zartheit - ein Traum! Und die Laschen - man möchte glauben, sie sind aus Wolle, nicht aus Leder. Du kannst lange suchen, du wirst keinen entzückenderen Schuhmacher für eine Frau finden...
Und wie hat dein Kerdon den Weg zu dir gefunden, teure Korytto?
Er wurde mir durch Artemis geschickt, die Frau beim Gerber Kandas, der ihr die Adresse gegeben. Diese Artemis macht immer Funde...
- Ich muß sofort zu ihr gehen, wo ich erfahren werde, wer dieser Kerdon ist.‹‹

Rechte Seite:
Die Doppelflöte spielender Satyr in Vorderansicht,
Amphora des Kleophrades-Malers,
in München (2344).

Liebesszene, Bronzespiegel, im British Museum.

*Verliebter Herakles,
Spiegel, im
Britsh Museum (293).*

Dasselbe Instrument konnte wohl auch gelegentlich bei den Beziehungen zwischen Frauen verwendet werden, aber die weibliche Homosexualiät scheint in Griechenland nicht sehr verbreitet gewesen zu sein. Immerhin findet man sie im V. Hetärengespräch, wo Leaina der Klonarion ihr Abenteuer mit Megilla, einer reichen Frau von Lesbos, erzählt.

»Sie hatte ein Fest mit Demonassa von Korinth veranstaltet, und sie ließen mich als Musikantin holen, um während ihrer Mahlzeit zu singen und die Kithara zu spielen. Als ich mein Spiel beendet und es Zeit war, sich niederzulegen, sagte Megilla, die mit ihrer Genossin reichlich getrunken hatte, zu mir: Auf, Leaina, jetzt wollen wir schlafen, leg dich zwischen uns beide. Da haben sie mich geküßt wie Männer, nicht nur mit den Lippen, auch indem sie den Mund dabei öffneten, und sie drückten mir die Brust. Demonassa biß mich sogar beim Küssen. Ich sah nicht, worauf das alles hinauslief. Schließlich warf Megilla ganz in Raserei ihre Perücke ab und zeigte sich völlig nackt. Sie hatte den Kopf geschoren wie ein Athlet, was mein Erstaunen noch steigerte. Dann sagte sie: Hast du jemals einen schöneren Knaben gesehen? - Ich seh' doch gar keinen Knaben, Megilla.- Beleidige mich nicht - ich heiße nicht Megilla, sondern Megel, und ich bin seit langem mit Demonassa verheiratet, sie ist meine Frau. Ich begann bei diesen Worten zu lachen sagte: aber dann hast du wohl auch alles, was ein Mann hat und führst dich Demonassa gegenüber wie ein Ehemann auf? Nein, sagte sie, das habe ich nicht nötig und wenn du es ausprobieren willst, dann wirst du sehen, daß mir nichts fehlt, um dich zufriedenzustellen. - Dann bist du also ein Hermaphrodit? - Nein antwortete sie, ich bin auf die Welt gekommen wie ihr alle, aber ich habe die Neigungen und das Verlangen wie ein Mann. Laß mich gewähren, Leaina, wenn du mir nicht glaubst! Ich gab nach, Klonarion. Sie bot mir ein Halsband an und ein Kleid von sehr schönem Gewebe. Ich nahm sie in die Arme wie einen Mann, und sie hat mich geküßt, und es kam mir vor, als ob ich das stärkste Vergnügen genoß... Und was noch folgte - frage mich nicht danach. Das ist nicht schön. Bei Aphrodite - ich werde dir nichts davon erzählen.«

Rechte Seite:
Oben: Hermenanbetung, attische Schale des Curtius-Malers, in Berlin (F 2525); Unten: Herme mit Vogel, attische Pelike des Perseus-Malers, in Berlin (F 2172).

*Geteiltes Vergnügen,
Spiegel, im
Museum of Fine Arts
von Boston.*

*Aktobratisches Symplegma,
Spiegel, in Boston,
Museum of Fine Arts.*

Die Scham der Leaina ist vielleicht nicht geheuchelt, und die Angabe, daß Megilla aus Lesbos stammt, zeigt uns doch wohl, daß die weibliche Inversion seit Sappho als eine Besonderheit dieser Insel angesehen wurde. Denn Sappho hat es ganz gewiß gegeben, Sappho mit ihrer berühmten Mädchenschule, diesem ›Haus der Musendienerinnen‹, das unter dem Schutze der Grazien und der Aphrodite stand, Sappho und ihre Gedichte, die in Leidenschaft und Liebeseifersucht glühend die Schönheit

Flötespielender Satyr und tanzende Mänade,
Detail von der rechts abgebildeten Schale.

der Anaktoria, der Mnasidikia oder der Gongyla preisen. Indessen – wenn man der Überlieferung glaubt: Sappho war verheiratet, Familienmutter, und sie soll sich das Leben genommen haben durch einen Sprung vom Leukadischen Fels herab ins Meer wegen ihrer Liebe zu dem schönen Phaon. Sie war also nicht die Verkünderin einer exklusiven Liebesform; ich wüßte auch keinen Fall, daß man für die weibliche Homosexualität jemals ebenso heftig eingetreten sei wie für die männliche.

Bei den Hetären, attische Schale des Makron,
im Metropolitan Museum von New York (12.231.1).

Seite 161:
Trio, Stamnos, im Louvre.

Liebesverfolgung.

*Satyr und Mänaden,
attische Schale des Brygos-Malers,
in München (2645).*

*Rechte Seite:
Frau bei der Toilette, Spiegel, in Berlin,
(8148).*

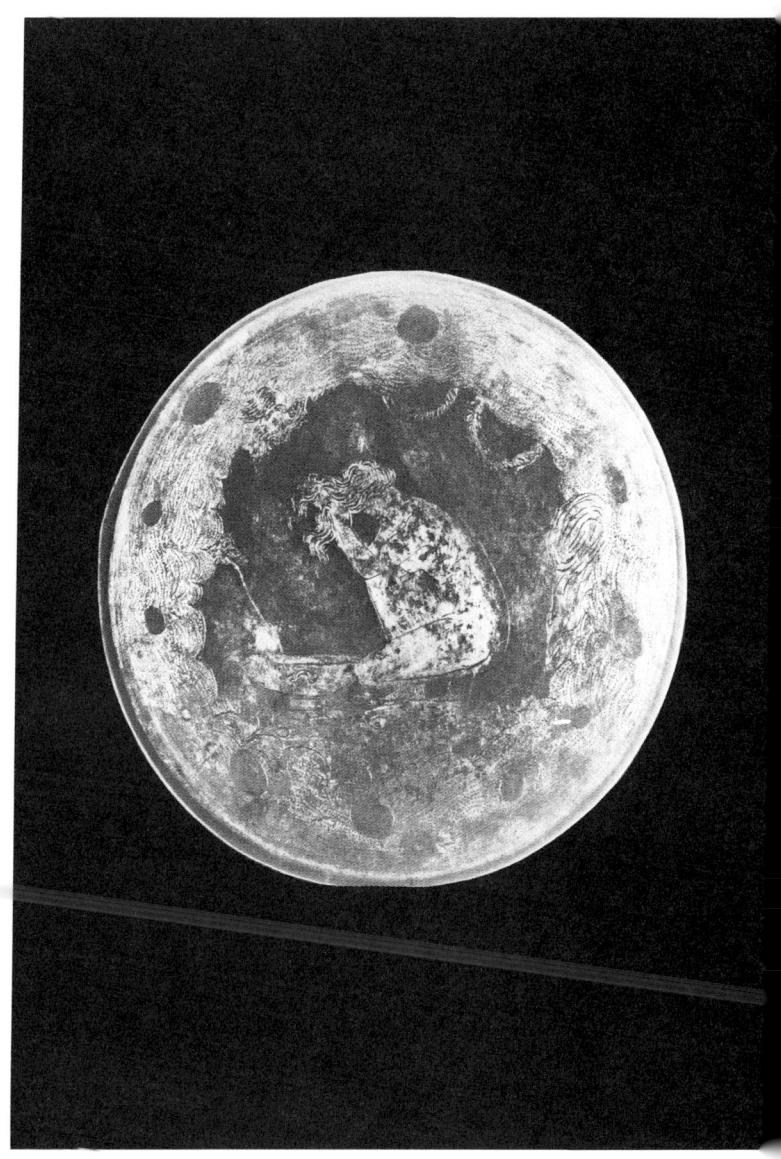

Herakles, Nessos und Deianeira, in Boston, Museum of Fine Arts.

Aphrodite, Eros und eine junge Frau, Spiegel, im British Museum (289).

*Satyr und Mänade,
Augenschale,
in Berlin (2047).*

Die Schaukel,
Skyphos des Penelope-Malers,
in Berlin (2589).

*Nackte Frau schnürt sich die Sandale,
nikosthenische Amphora des Oltos,
im Louvre (G 2).*

*Satyrn tragen Mänaden, Hydria, in Berlin,
und Amphora, in der Art
des Lysippides-Malers, in Berlin
(Inv. 3765).*

Rechte Seite:
Theseus raubt Korone, Amphora des Euthymides,
in München (2309).

Junger Mann und Hetäre, Oinochoe des Schuwalow-Malers,
in Berlin (F 2414).

Silene und Mänaden.

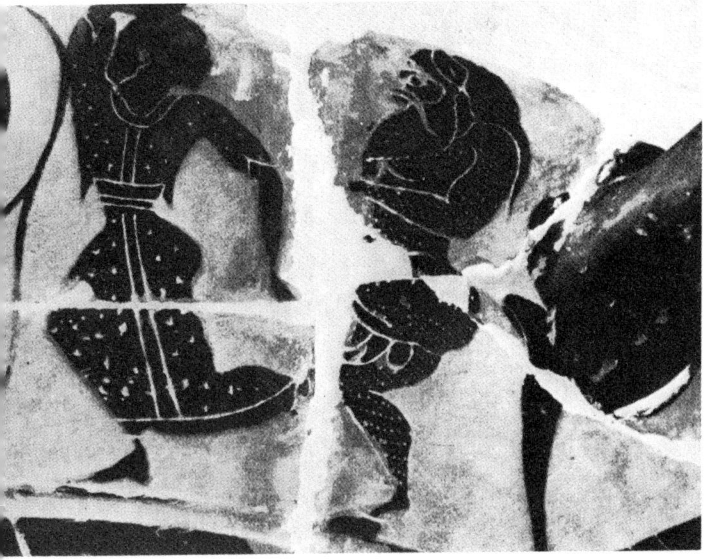

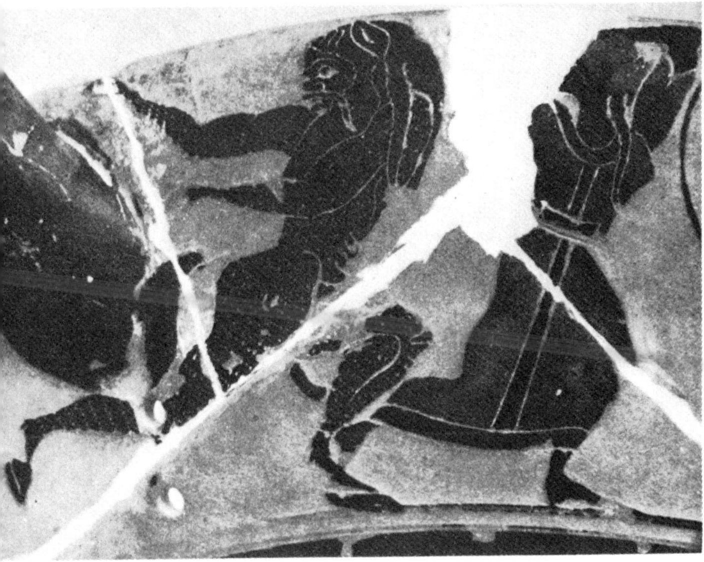

177

Silene und Mänaden.

Kapitel

V

Lambda machen und sich mit dem ›Orthagoras‹ befriedigen – das sind zwei Laster, die man im allgemeinen mit den Griechen in Verbindung bringt. Das aber gilt weit mehr für die Knabenliebe.

Es genügt völlig, sich die griechischen Vasenbilder anzusehen. Wenn auch auf zweiseitig bemalten Gefäßen eine mythologische Liebesszene oder dionysische Darstellung nicht immer mit einer erotischen Komposition korrespondiert, die ein Motiv des wirklichen Lebens zum Gegenstand hat, so korrespondiert doch niemals etwa ein lesbisches Motiv mit einem päderastischen. Man setzte nicht Frauen unter sich neben Männer unter sich, sondern man setzte die beiden Arten der männlichen Liebe nebeneinander: die Liebe des Mannes sowohl zu den Mädchen als auch zu den Knaben. Auf der einen Seite machen junge Leute kleinen Hetären den Hof, erkaufen ihre Gunst mit Halsbändern und anderen Geschenken, sie ziehen sie an sich, liebkosen und umarmen sie. Auf der anderen Seite des Gefäßes bieten meist bärtige Männer den Jünglingen einen Hasen oder einen Hahn, sie ziehen sie an sich, liebkosen und umarmen sie. Es gibt Schalenbilder, die ohne jede Scham die tollste Liebesszene von Männern und Frauen zeigen, es gibt aber ebenso Bilder von Männern mit Knaben auf dem Bette, aber meines Wissens findet man niemals Bilder, die sich gegenseitig befriedigende Frauen darstellen. Die traditionelle Antithese Sodom und Gomorrha gilt hier nicht, die ›griechische Liebe‹ erstreckt sich allein auf die männliche Homosexualität.

Als ›griechische Sitte‹ war die Knabenliebe von den Schriftstellern selbst anerkannt, Herodot und Xenophon bezeugen es. In den Texten erscheint die Päderastie als eine Liebe ganz gleich der anderen, die ein Geschlecht besitzt, um sich mit dem anderen Geschlecht zu vereinen. Sie hatte ihre Entsprechungen in der Mythologie: Zeus vor allem, der sich in Ganymedes verliebt, aber auch Apollon, der Hyakinthos liebt und, als er ihn versehentlich getötet hatte, das Blut seines Freundes, das aus der Wunde floß, in eine neue Blume verwandelte. (Nach einer anderen Überlieferung erfand Thamuris, der Sohn des Philammon und der Nymphe Argiope, die Päderastie aus Liebe zu Hyakinthos). Das Epos feierte Achilleus und Patroklos und die Tragödie Orestes und Pylades als vollkommene Freunde. Ohne Zweifel vereinte sie am Anfange die Philia, die frei war von einer sinnlichen Verbindung, aber am Ende wurden sie doch das leuchtende Vorbild für alle Liebespaare, Erastes und Eromenos. Die Athener verehrten die Tyrannenmörder Harmodios und Aristogeiton als Nationalhelden, aber die Ermordung des Peisistratos-Sohnes Hipparchos war für sie beides: ein politischer Akt und ein Racheakt, denn Hipparchos hatte bei Harmodios Annäherungsversuche gemacht, und dieser war der Eromenos des Aristogeiton. Die Päderastie hatte ihre Bürgen, ihre Vorbilder, ja ihre Märtyrer.

Im sozialen Leben erkannte man ihre Berechtigung an, und man tadelte ihre Schwächen nicht mehr und nicht weniger, als wenn es sich um eine normale Liebe handelte. Es gab Häuser für Knaben wie für Mädchen, und die männlichen Prostituierten zahlten das pornikon telos (Hurensteuer) genauso wie die weiblichen. Die gleichen sarkastischen Bemerkungen zielen in der Komödie auf die beklagenswerten Invertierten, die auf die Straße gehen wie auf die erbärmlichen Huren an den Kreuzungen. Gesetze überwachten die Begrenzung der öffentlichen Unzucht, sie bestraften Übertretungen und geißelten die schändliche Ausnutzung von Kindern durch ihre Eltern. Sie entzogen den Athenern, die sich prostituierten, die bürgerlichen Rechte – eine klare und einfache Gleichsetzung der männlichen Prostitution mit der weiblichen. Im übrigen wurde es durchaus nicht für unehrenhaft gehalten, gutaussehende junge Leute mit anständigen Umgangsformen zu lieben. Andere wohl als Aischines sahen darin im Gegenteil »das Besondere einer empfindsamen und edlen Seele«, und Sophokles oder Platon waren nicht weniger ›göttlich‹, wenn niemandem ihre Vorliebe für die Knaben entging.

Es besteht nach meiner Meinung kein Widerspruch zwischen den beiden oft zitierten Stellen bei Aristophanes, wo der Dichter einerseits den Anstand vermißt, den man früher der Jugend beibrachte, und andrerseits sehr frei auf die Huldigung anspielt, die die Schönheit der Knaben verdient. »Früher mußten bei den Gymnastiklehrern die Knaben beim Sitzen den Oberschenkel so ausstrecken, daß sie den Außenstehenden nichts Anstößiges zeigten; und dann, wenn man sich erhob, mußte man den Sand beseitigen und streng darauf achten, die Liebhaber auch nicht eine Spur ihrer Männlichkeit sehen zu lassen. Kein Knabe rieb sich unterhalb des Nabels mit Öl ein, so daß auf seinen Geschlechtsorgangen ein jugendlich frischer Flaum blühte wie auf den Quitten. Keiner näherte sich seinem Liebhaber mit weicher Stimme, keiner gab sich mit seinen Augen preis. Das ist die gute Haltung, wie sie sich der Schamhaftigkeit der Jugend geziemt – für Knaben wie für Mädchen.«

Man liest andrerseits in den Vögeln:
»Ich würde eine Stadt lieben, wenn ich in ihr vor Anker ginge, der Vater eines hübschen Knaben mich mit gekränkter Miene tadelte:... du begegnest meinem Sohne, wie er frisch gebadet aus dem Gymnasion kommt, und du küßt ihn nicht, sagst ihm kein Wort, du ziehst ihn nicht an dich, befühlst nicht seinen Beutel, du – ein Freund der Familie...« Aber es handelt sich diesmal um etwas anderes: über den Ton hinaus, der sich für die Komödie schickt, sehe ich hier das Hervortreten einer glühenden Liebe zur Jugend, die vielleicht weniger pervers ist, als wir uns heute vorstellen können.

Die Gefühle und die Liebesleidenschaft konnten, nach den Auffassungen der Griechen ebenso erhaben sein – ob sie durch männliche oder weibliche Schönheit erweckt wurde. Jedoch – die körperliche Schönheit erschien dem Auge der Griechen viel harmonischer und reicher, viel wahrer und besser gegliedert im Leibe eines Knaben von 12 bis 18 Jahren, ungehindert entwickelt durch die Zucht der Leibesübungen – als in der zurechtgemachten und verwirrenden Anmut des weiblichen Körpers. Das athletische Ideal, die Grundlage einer Paideia, zu welcher die Frauen keinen Zutritt hatten, das ›humanistische‹ Bestreben einer gleichmäßigen Entfaltung des Körpers, des Geistes und der Seele spielten eine Rolle in den Debatten, und das Plädoyer des Kallikratidas, des Knabenliebhabers in den Liebesgesprächen des Lukian, bewahrt uns davor, diesen Gesichtspunkt zu übersehen.

Nachdem er die künstliche Koketterie der Frauen getadelt hat, ihre Bedeutungslosigkeit und Weichlichkeit, beschreibt er die ›unschuldigen Lebensgewohnheiten eines jungen Knaben‹:
»Früh am Morgen verläßt er sein Bett, das er mit niemandem teilt, ein Bad im klaren Wasser vertreibt ihm den Schlaf, der in seinen Augen hängt... bald verläßt er das väterliche Haus, die Augen bescheiden gesenkt...
...Sein Diener, seine Erzieher begleiten ihn. Er trägt keinen Kamm, der seiner Haartracht schmeichelt, keinen Spiegel, der ohne Malerei sein Bildnis zeigt, sondern er trägt zahlreiche Täfelchen, Bücher, kostbare Inhalte der Tugenden der Vergangenheit, oder er trägt eine Lyra, wenn er zu seinem Musikmeister geht. Wenn er seinen Geist im Umkreise der Wissenschaft gesättigt hat, entfaltet er seinen Leib in edlen Übungen.
Er bändigt die thessalischen Renner, und weil er mitten im Frieden an den Krieg denkt, wirft er Speere und übt seine Geschicklichkeit im Abschießen von Pfeilen. Bald darauf sieht man ihn im Gymnasion, wie er sich der Sonnenglut aussetzt, sein Leib mit Schweiß bedeckt und er sich durch Mühen abhärtet. Die Anstrengung läßt den Schweiß von seinen Gliedern rinnen. Dann springt er kurz in ein Bad – und sitzt endlich an einem mäßig gedeckten Tische, um bald danach seine Tätigkeiten wieder aufzunehmen...

Wer möchte nicht der Liebhaber eines solchen Knaben sein? Wer wäre demgegenüber blind mit den Augen des Körpers und den Augen der Seele? Wie sollte man ihn nicht lieben? Hermes ist im Gymnasion, es ist Apollon, der die Saiten rührt, es ist Kastor, der die Renner bändigt. Ausgestattet mit einem sterblichen Leibe – schreitet er dahin in den Fußspuren der Götter.«

Die Vorstellungen von solchen Tugenden sind hervorgegangen aus der alten aristokratischen Gemeinschaft von Kriegern und wurden weitergebildet durch die Bindung des Gymnasions und der Ephebie: der Wetteifer, der aus dem Verlangen heraus entsteht, von dem bewundert zu werden, den man liebt, der Mut und die Aufopferung, um wertvoll zu sein, schufen für viele Geister eine ausreichende Voraussetzung für die Päderastie. Den sinnlichen Akt sah man unter solchen Umständen weniger im Hinblick auf das Vergnügen, das er verschafft, als im Hinblick auf die Bindung, die er hervorruft. Der Brauch der Spartaner, der Kreter und Böotier, Knaben, die das Alter von etwa 12 Jahren erreicht hatten, mit Männern zusammenzubringen, erinnert stark an einen Aufnahme-Ritus, besonders, wenn man sich an die analogen Gepflogenheiten hinsichtlich der Mädchen erinnert (in Sparta zum Beispiel war es gesetzlich erlaubt, mit jungen Mädchen vor ihrer Eheschließung Umgang zu haben, wie mit Knaben). Indessen – sobald Eros mit im Spiele ist –, wie könnte man dann die Sinnenlust verachten, ohne Aphrodite zu beleidigen? Kann man denn überhaupt die Liebeslust unter Männern mit der Liebeslust unter Männern und Frauen vergleichen?

Das ist die Gegenrechnung des Charikles, des Anwalts der Frauen: Unter den angenehmsten Freuden für uns müssen die sein, die am längsten dauern.
»Eine Frau ist von Pubertät an bis zur Mitte ihres Lebensalters und bevor die letzten Runzeln des Greisenalters ihre Reize überzogen haben, der Umarmungen und der Zärtlichkeit der Männer würdig; und wenn sie die Stufe der Schönheit überschritten hat, dann kann ihre Erfahrung eindringlicher reden als Knaben. Wer sich aber mit einem jungen Manne von 20 Jahre einläßt, der kommt mir vor wie einer, der schändlichen Genüssen nachrennt und wie einer, der eine zweideutige Venus verfolgt. Die Glieder eines solchen Püppchens sind wie die eines Mannes, stark und voller Kraft. Bald ist sein früher weiches Kinn rauh geworden durch den Bart, und die runden Schenkel sind stachlig von Haaren; ich überlasse es euch, die ihr darin Erfahrung habt, auch noch das zu nennen, was am verborgensten ist. Eine Frau strahlt im Gegensatz dazu in der Ganzheit ihrer Reize und den verführerischsten Farben.«
Warum soll man unter den Freuden nicht diejenigen aufsuchen, die gegenseitig sind? »Nun – der Umgang mit Frauen verschafft das gegenseitige Vergnügen eines gemeinsamen Genusses, und nach wechselseitiger Erfüllung des Liebesgenusses beendet man beiderseits zufriedengestellt das Spiel. Das aber kann beim Umgange mit Knaben niemals eintreten. Der Knabenliebhaber meint eine voll-

kommene Lust zu empfinden, aber der Gegenstand seiner Leidenschaft, der einen solchen Schimpf empfängt, pflückt keine andere Frucht als einen heftigen Schmerz, der ihn zum Weinen bringt, und wenn im Laufe der Zeit die Pein geringer geworden ist, dann verursacht sie ihm, so sagt man, nur noch Unannehmlichkeiten, aber nicht den Schatten eines Vergnügens. Wenn es erlaubt ist, die Dinge noch weiter zu treiben: man kann eine große Lust empfinden, wenn man eine Frau gebraucht, wie die Knabenliebhaber es mit ihren Lustknaben machen – und das heißt, einen doppelten Weg für den Genuß zu öffnen. Aber niemals wird ein Mann ein Vergnügen bereiten, das allein die Frau das Recht hat, zu gewähren.«

Kann man schließlich ein Naturgesetz verletzen, das von Anfang an aus der Beziehung der Geschlechter ein notwendiges Mittel gemacht hat, das Leben fortzusetzen, die Menschenrasse durch eine unsterbliche Erbfolge zu erhalten? »Die Löwen lieben keineswegs die Löwen, die Bären nicht und nicht die Eber suchen ihresgleichen, sondern die Liebe zu ihrem Weibchen herrscht allein in ihrer Brust.« Auf diesen fundamentalen Satz antwortet der Kallikratidas des Lukian im Namen der Überlegenheit des Menschen über das Tier, im Namen des Schönen und der philosophischen Vernunft: »Die Löwen lieben die Löwen nicht, denn sie philosophieren nicht, die Bären lieben nicht ihresgleichen, denn sie wissen nichts von der Süßigkeit der Freundschaft, aber die menschliche Vernunft hat, geleitet vom Wissen, nach vielen Erfahrungen das erwählt, was noch schöner war, sie hat der Knabenliebe ihre Sanktion gegeben.«

»Hüte dich also, Charikles, das, was es zunächst nicht gab, als eine schlechte Erfindung zu verurteilen und verachte nicht unsere Liebe, bloß weil der Umgang mit Frauen auf eine viel ältere Zeit zurückgeht. Erinnere dich, daß die ersten Entdeckungen immer die Folge der Notwendigkeit sind; aber das, was der Mensch erst später gefunden hat, indem er Nutzen aus seinen Mußestunden zog, hat in unseren Augen einen höheren Wert...

Wisse, daß es zwei Liebesgötter gibt, die verschieden sind in ihrem Verhalten und deren Hauch in unserer Seele ein verschiedenes Feuer entfacht. Der eine ist ein Kind, das sich mit kindlichen Spielen abgibt, er herrscht mit Ungestüm über die unvernünftigen Menschen, von ihm kommt das Verlangen der Männer nach den

Frauen... Der andere Eros ist ehrwürdig und ernst in seiner äußeren Erscheinung, alles an ihm spricht von der Helligkeit seines Ursprungs. Als Bringer keuscher Gefühle senkt sein Hauch sich süß in unsere Seelen; und wenn dieser Gott uns gnädig ist, dann genießen wir die Lust mit der Tugend vereint...
Die Notwendigkeit der Fortpflanzung des Menschengeschlechtes hat zur Einrichtung der Ehe geführt, aber nur die Knabenliebe übt eine edle Herrschaft über das Herz eines Philosophen aus.«

Philosophie – das große Wort ist ausgesprochen. Wenn es auch ungenau ist zu sagen, die griechische Philosophie habe einstimmig die Päderastie gepriesen sie ist vielfältig und reich genug, um dem Nachsinnen eines jeden über die sonderbare Macht des Eros Nahrung zu geben, über die Triebe, über die er herrscht, über das Verlangen, in dem diese Triebe sich kundtun oder das sie hervorruft. Nicht ein großer griechischer Philosoph, nicht eine einzige Schule hat es gegeben, die sich nicht mit dem Problem der Liebe und ihres Verhältnisses zum Guten und Schönen beschäftigt hätte.

Sokrates sagte gern: die einzige Wissenschaft, die er gründlich kenne, sei die Liebe; und dieser sehr keusche Liebhaber, der Jagd auf junge Leute nur machte, um ihren Geist zu entbinden und sie das Glück der Tugend zu lehren, hat mehr als irgend jemand sonst den erzieherischen Wert der durch die Schönheit hervorgerufenen Liebe herausgestellt, einer durch die Liebe der Seelen geläuterten Liebe. Platon war viel nachsichtiger gegenüber dem Körper, er sah in jeder Liebe die Verheißung einer geistigen Geburt im Schönen, den Anruf der Unsterblichkeit und, in ihrer höchsten Form, das geeignetste Mittel, der Seele die Flügel zu geben, die sie verloren hat. Die aristotelische Ethik ist ganz ausgerichtet auf das Ideal der sittlichen Größe, sie verurteilt die sexuelle Maßlosigkeit, erkennt aber in den durch legitime Zuneigung erweckten Gefühlen den Weg zur Tugend. In der Sorge um die Erhaltung des inneren Friedens eines weisen Mannes rät der Epikuräismus, den Qualen der Liebe aus dem Wege zu gehen, durch Vermeidung der sinnlichen Vereinigung überhaupt oder durch ihren gelegentlichen Vollzug zur einfachen Befriedigung des Verlangens. Jedoch – die Rückkehr des Stoizismus zu einer der platonischen angenäherten Lehre brachte auch das Leitmotiv der Wechselbeziehung zwischen der leiblichen und der sittlichen Schönheit wieder, zwischen der durch die Schönheit erweckten Liebe und der Freundschaft, die zum Guten hinleitet.

Es ist natürlich nicht möglich, hier in die Erörterung der Einzelheiten der philosophischen Systeme einzutreten. Immerhin, da es nötig war, einige Sätze auszuwählen und recht ausgiebig den Weg der griechischen Gedanken über die Liebe darzustellen, möchte ich aus den Ausführungen der Diotima, wie sie Sokrates im Gastmahl des Platon wiedergibt, das folgende entnehmen: Eros ist für Diotima in Wirklichkeit kein Gott, sondern ein »großer Daimon zwischen Gott und Mensch«. Er ist der Sohn des Notbehelfs und der Armut, »es fehlt viel, daß er ebenso kostbar wie schön ist«, denn er hat die Natur seiner Mutter und hat teil am Leben der Bedürftigkeit, aber, da er auch gleichzeitig von seinem Vater geerbt hat, »liegt er auf der Lauer nach allem, was schön und gut ist, denn er ist tapfer, keck und rüstig, ein gewaltiger Jäger, unerschöpflich in Erfindungen und reich an Mitteln, sie auszuführen, sich ein ganzes Leben hindurch mit der Philosophie beschäftigend.« So machen es diejenigen, die mitten drin stehen zwischen Wissen und Nichtwissen. »Der Liebesgott hat das Schöne als Gegenstand seiner Liebe«, und er ist bestrebt, ihn zu besitzen. Jedoch die schönen Dinge zu besitzen, ist nur ein Mittel im Hinblick auf das Ziel, wie dies, die guten Dinge als Gegenstand der Liebe zu haben, nichts anderes ist als ein Mittel, das Glück zu erlangen. In bezug worauf ist also die Schönheit Gegenstand der Liebe? »Der Gegenstand der Liebe, bekennt Diotima, ist Gebären in der Schönheit des Leibes und der Seele«. Wer die Liebe liebt, ist wesensmäßig ein Schöpfer, und er ist es in der geistigen wie in der leiblichen Ordnung. In der leiblichen Ordnung ist »die Vereinigung des Mannes und der Frau ein Akt der Schöpfung, und in diesem Akte liegt etwas Göttliches«, denn die Zeugung ist für das sterbliche Dasein ein Mittel, teilzuhaben an der Unsterblichkeit, und gewiß ist der endliche Gegenstand der Liebe, da er ja Fortdauer im Besitze des Gutes ist, ebenso die Unsterblichkeit. »Nun also – die, deren Fruchtbarkeit im Körper ihren Wohnsitz hat, wenden sich lieber zu den Frauen, und ihre Art zu lieben ist, danach zu trachten, indem sie Kinder zeugen, sich ihren Anteil an der Unsterblichkeit, einen dauerhaften Namen und Glück für alle Zukunft zu verschaffen.« Aber es gibt auch solche, deren Fruchtbarkeit ihren Wohnsitz in der Seele hat: »denn es ist wahr, daß es welche gibt, deren Seele eine viel größere Fruchtbarkeit besitzt als die des Leibes, im Hinblick auf alles das, was der Seele geziemt zu erzeugen und erzeugen zu wollen, das heißt die Weisheit. Der nun, in dem als einem göttlichen Wesen von Jugend auf die Fruchtbarkeit der Seele vorhanden ist, der wird auch, wenn die Zeit gekommen ist, sich so oder so auf die Suche nach der Schönheit machen, in welcher es ihm möglich sein wird zu zeugen; denn in der Häßlichkeit wird er nie zeugen. Daher erfreut er sich sowohl an schönen Leibern mehr als an häßlichen als auch, wenn er eine schöne, edle und wohl gebildete Seele trifft, erfreut er sich vorzüglich an beiden gemeinsam. Angesichts eines solchen Wesens fühlt er eine Quelle in sich, über die Tugend und darüber zu sprechen, an welche Dinge der Mann denken muß und womit er sich beschäftigen soll, und er unternimmt es, ihn zu unterweisen. Ich meine, in Berührung mit dem Schönen und in seiner Gesellschaft, meine ich, erzeugt er das, woran er schon lange zeugungsträchtig war; nahe bei ihm oder ferne von ihm gedenkt er seiner, und er erzieht das, was er erzeugt hat, in Gemeinschaft mit jenem, wovon ich gesprochen habe. So daß diese Gemeinschaft, unendlich inniger als die, die uns an unsere Kinder bindet, eine gegenseitige Freundschaft ist mit einer viel festeren Zuneigung, weil das, was sie gemeinsam besitzen, die schönsten und unvergänglichsten Kinder sind.«

Die Einweihung in die Mysterien der Liebesdinge vollzieht sich in Stufen: in jungen Jahren hält man sich an die körperliche Schönheit, liebt man einen schönen Leib; dann gibt man sich Rechenschaft darüber, daß die Schönheit, die in diesem oder jenem Leibe wohnt, die Schwester der Schönheit ist, die in einem anderen Leibe wohnt; dann wird man sich darüber klar, daß die Schönheit in allen Körpern wohl ein und dieselbe ist; dann schwingt man sich dazu auf, die Schönheit der Seelen höher zu schätzen als die der Leiber, und schreitet mit seinem Leitstern voran zu immer höheren Erkenntnissen – wie es nach Diotima der rechte Weg ist, um Zugang zu haben zu einer Schönheit, deren Existenz durch eine einzige Wesenheit begründet ist: die Idee des Schönen.

»Ausgegangen von der tiefsten und höchst verwirrenden Gemütsbewegung, in Zucht genommen durch die Philosophie, vergeistigt infolge der Entpersönlichung, die von ihr in den immer reicheren Gefilden der Intellektualität verlangt wird, grenzt die Liebe an das verstandesmäßig Begreifbare.« (L. Robin.)

Möchten doch so erhabene Einsichten allzu profane Gedanken von den Lesern fernhalten.

ARS ET AMOR

DIE EROTIK IN DER KUNST

ARS ET AMOR, die neue Taschenbuchreihe des Heyne Verlags, stellt in exquisit ausgestatteten Bänden Liebe und Sexus in der Kunst dar. Diese ebenso reizvolle wie freizügige Sammlung ungewöhnlicher erotischer Bildwerke legt Zeugnis ab von jenen sublimen Freuden des Fleisches, die Künstler in allen Ländern und Zeiten stets inspiriert haben.

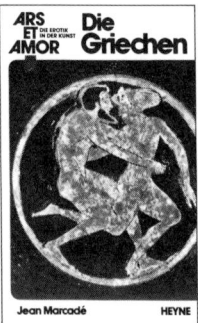

Etiemble
China
1 / DM 10,80

Jean Marcadé
Die Griechen
2 / DM 10,80

Mulk Raj Anand
Indien
3 / DM 9,80
(Januar '79)

Charles Grosbois
Japan
4 / DM 10,80
(März '79)

ARS ET AMOR

DIE EROTIK IN DER KUNST

Kenner von internationalem Rang beschreiben und deuten die meist farbigen Illustrationen aus Griechenland, Rom, Indien, Japan, Peru, Persien, China und Nepal.
In der Reihe erscheinen zunächst 8 Bände.

Wilhelm Heyne Verlag München

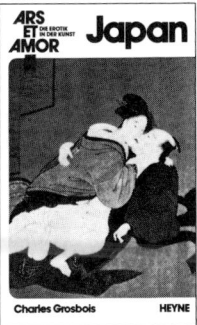

Guiseppe Tucci
Nepal
5 / DM 12,80
(Mai '79)

Robert Surien
Persien
6 / DM 12,80
(Juli '79)

Guiseppe Tucci
Nepal
7 / DM 12,80
(September '79)

Robert Surien
Persien
8 / DM 10,80
(November '79)

ARCHAEOLOGIA MVNDI

Die erste umfassende Darstellung der
archäologischen Erforschung unserer Erde
Das Reihenwerk wird insgesamt 40 Bände umfassen.
Ausstattung: Hellgrauer Kunstledereinband mit Rückengoldprägung.
Vierfarbiger zellophanierter Schutzumschlag. Schuber. Format: 16,5 x 24 cm.

Erschienen:

Mesopotamien
von *J.-C. Margueron*
260 S., 24 farb. und 112 schw.-weiße Abb.
Kreta, von *N. Platon*
248 S., 64 farb. und 61 schw.-weiße Abb.
Persien I, von *J.-L. Huot*
228 S., 62 farb. und 91 schw.-weiße Abb.
Persien II, von *W. G. Lukonin*
244 S., 76 farb. und 141 schw.-weiße Abb.
Peru, von *R. L. Hoyle (†)*
260 S., 91 farb. und 76 schw.-weiße Abb.
Indochina, von *B. P. Groslier*
288 S., 35 farb. und 110 schw.-weiße Abb.
Mexiko, von *J. Soustelle*
296 S., 79 farb. und 105 schw.-weiße Abb.
Urartu, von *B. P. Pjotrowski*
240 S., 95 farb. und 58 schw.-weiße Abb.
Anatolien I, von *U. B. Alkim*
292 S., 61 farb. und 97 schw.-weiße Abb.
Anatolien II, von *Henri Metzger*
264 S., 33 farb. und 113 schw.-weiße Abb.
Zypern, von *V. Karageorghis*
280 S., 122 farb. und 59 schw.-weiße Abb.
Zentralasien, von *A. Belenitzki*
256 S., 54 farb. und 91 schw.-weiße Abb.
Rom, von *G. Picard*
296 S., 62 farb. und 130 schw.-weiße Abb.
Die Etrusker, von *R. Bloch*
210 S., 61 farb. und 71 schw.-weiße Abb.

Südsibirien, von *M. Grjasnow*
264 S., 78 farb. und 92 schw.-weiße Abb.
Indien, von *M. Taddei*
280 S., 53 farb. und 116 schw.-weiße Abb.
Mittelamerika, von *C. F. Baudez*
260 S., 54 farb. und 106 schw.-weiße Abb.
Kelten und Galloromanen, von *J.-J. Hatt*
350 S., 69 farb. und 150 schw.-weiße Abb.
Die Germanen, von *R. Hachmann*
199 S., 37 farb. und 120 schw.-weiße Abb.
Rumänien, von *C. Daicoviciu* und *E. Condurachi*
262 S., 83 farb. und 113 schw.-weiße Abb.
Byzanz, von *A. Bon (†)*
228 S., 90 farb. und 51 schw.-weiße Abb.
Tibet, von *G. Tucci*
240 S., 30 farb. und 120 schw.-weiße Abb.
Japan, von *V. Elisseeff*
232 S., 43 farb. und 103 schw.-weiße Abb.
Thailand, von *P. Charoenwongsa* und *M. C. S. Diskul*
272 S., 93 farb. und 168 schw.-weiße Abb.
Daco-Romania, von *D. Berciu*
192 S., 65 farb. und 73 schw.-weiße Abb.
Syrien-Palästina I, von *J. Perrot*
192 S., 45 farb. und 73 schw.-weiße Abb.
Syrien-Palästina II
von *M. Avi-Yonah (†)* und *A. Kempinski*
208 S., 21 farb. und 64 schw.-weiße Abb.
Ceylon, von *J. Boisselier*
190 S., 36 farb. und 80 schw.-weiße Abb.

NAGEL VERLAG GmbH
Lechfeldstraße 3 · 8 München 21